민주주의의 심장

국회의 모든 것

illustration+storia('역사'의 이탈리아어)의 합성어로,
우리와 세계 모든 이들이 함께 이룩한 역사가 일러스트를 만나 태어난, 알기 쉬운 역사 교양 시리즈입니다.

민주주의의 심장
국회의 모든 것

illustoria 011

초판 1쇄 인쇄 2025년 10월 10일
초판 1쇄 발행 2025년 10월 20일

지은이   기획집단 MOIM
그린이   박상훈
펴낸이   김연희

펴 낸 곳   그림씨
출판등록   2016년 10월 25일(제406-251002016000136호)
주   소   경기도 파주시 광인사길 217(파주출판도시)
전   화   (031)955-7525
팩   스   (031)955-7469
이 메 일   grimmsi@hanmail.net

ISBN 979-11-89231-68-2 03340

민주주의의 심장

국회의 모든 것

기획집단 MOIM 글·박상훈 그림

그림씨

프롤로그

당연하지만
당연하지 않은
민주주의

산소 없는 삶, 물 없는 삶을 생각해 본 적이 있나요?

물과 산소를 떠올리는 순간, 두 물질 없이 사는 건 불가능하다는 사실을
깨달을 겁니다.

하지만, 두 물질은 워낙 흔해 평소에는 별로 의식하지 않으며 살아갑니다.

그렇다면, 우리에게 물과 산소 같은 것은 또 무엇이 있을까요?

바로 사회와 정치입니다. 인간은 집단생활을 하기 때문에, 집단 내 규칙과
질서에 대해 논하지 않는다면 혼란과 갈등은 물론이고 우리 스스로
죽거나 서로 죽이게 될지도 모릅니다.

이러한 사회와 정치의 질서는 오랜 시간에 걸쳐 조금씩 달라지면서도
그 핵심은 변하지 않습니다. 오히려 시간을 견디며 물과 산소처럼
우리 삶의 중요한 무언가로 남아 있죠.

민주주의가 그렇습니다. 민주주의는 우리 사회를 적절하게 다스리는
방법이라는 걸 오랜 시간 피와 목소리로 증명해 왔습니다.

2024년 12월 3일 오후 10시 27분경,

당시 대한민국 대통령이 긴급 TV 담화를 통해 비상계엄을 선포하였습니다.

갑작스러운 계엄령으로 시민들은 혼란에 빠졌죠.

계엄령은 전쟁 또는 이에 준하는 국가 비상사태일 경우 사용하는 조치로,

군인이 사법, 행정 권한을 행사할 수 있으며 시민의 권리와 자유가

제한되고, 언론 출판 등 표현의 자유도 제한될 수 있습니다.

이에 민주주의가 위태로울 것이라는 판단에 수천 명의 시민들은

국회로 달려갔습니다. 그리고 국회 앞에서 외쳤습니다.

"비상계엄을 해제하라!"

"민주주의를 지켜 내자!"

군인이 총을 겨눈 채 시민을 위협하며 자유를 빼앗고

대통령은 무소불위의 권력을 앞세워 자신의 이익만을 추구하며

권력을 가진 사람 앞에서 평범한 시민들은 굽신거려야 하는 사회,

그런 사회에서 우리는 살아갈 수 있을까요?

민주주의가 사라진 사회에서 살아갈 사람은 별로 없을 것입니다.
그런데도 민주주의의 앞날을 걱정하는 사람은 흔치 않은 듯합니다.
민주주의가 산소와 물처럼 당연한 것이라고 여기니까요.

그러나 민주주의는 당연한 것이 아닙니다.
민주주의는 우리가 모르는 사이에 수많은 사람들이 목숨을 걸고
싸워 얻은 것입니다.
또한, 언제든 사라질 수 있는, 항상 지켜 내야 하는 것입니다.

민주주의의 핵심에 국회가 있습니다.
대의민주주의, 즉 시민들이 대표자를 선출해 민주주의를 실현하는
체제에서는 국회가 우리 시민들의 권리를 지켜 주기 때문이죠.
국회는 대의제 민주주의의 대표 기구로서
다양한 목소리를 대변하고, 정책과 법에 반영하는 역할을 합니다.
그렇게 중요한 것이 국회입니다.

국회가 12.3 계엄 선포 약 2시간 반 만에, 헌법과 법률이 정한
민주적인 절차를 통해 비상계엄 해제 요구 결의안을 가결했을 때,
우리가 안도했던 이유도 국회가 그 역할을 다하며 민주주의를,
시민의 권리를 지켜 주었기 때문입니다.

이처럼, 국회의 역할을 이해하는 것은 매우 중요합니다.
법을 만드는 역할을 넘어 우리의 삶에 영향을 미치는
다양한 결정을 내리는 곳이 '국회'라는 사실을 알게 된다면
어떤 사람을 국회의원으로 뽑아야 하는지,
국회의원은 얼마나 필요한지, 그들이 시민들을 위해
어떤 일을 하는지 확인할 수 있을 것입니다.

이 책의 마지막 페이지를 덮을 즈음에는 우리 모두 깨닫게 될 것입니다.
국회야말로 민주주의의 핵심임을, 그리고 국회의원을 선출하는 일이야말로
우리가 민주주의를 실천하는 첫걸음임을 말이죠.

차
례

1부

정부

정부의 탄생

오늘날 '정부'라는 조직을 갖지 않은 나라는 없습니다.

하지만 오래전, 나라가 없던 시절에는 정부에 버금가는 조직을 갖기가

어려웠죠.

이런 경우에는 주요한 의사결정을 족장 한 사람이, 또는 족장과 그 주위에

있는 몇몇 사람이 내릴 수밖에 없었습니다.

그러나 시간이 흘러 부족 또는 부족들이 모여 큰 조직을 이루면서부터
조직을 효율적으로 이끌 체제가 필요하다는 것을 느꼈습니다.
이런 과정을 거쳐 한 나라가 형성되었고, 그 나라 살림살이를 맡아 볼
정부가 출범하게 됩니다.

부족들을 통합해 하나의 나라로 만들어야겠군. 그런 다음, 중앙에 행정조직을 만들어 전국을 다스리도록 하고,

중앙정부에는 여러 벼슬을 두어 나라의 살림살이를 맡도록 해야겠어. 정치, 경제, 군사, 외교, 의례 등 온갖 일을 말이지.

그럼, 고구려는 명실상부한 중앙집권국가*로 탄생하겠지?

고구려

고국천왕(故國川王, 176 이전-197, 재위 179-197)

순노부 소노부 계루부 관노부 절노부

5부족 연맹체에서 행정구역 5부로 개편

동부 서부 중앙 남부 북부

* 국가의 통치 권력이 지방에 분산되어 있지 아니하고 중앙 정부에 집중되어 있는 통치 형태.

정부의 형태

오늘날 전 세계에 있는 나라들은 모두 정부를 가지고 있습니다.

그럼, 정부란 무엇일까요?

사전을 찾아보면 이렇게 나옵니다.

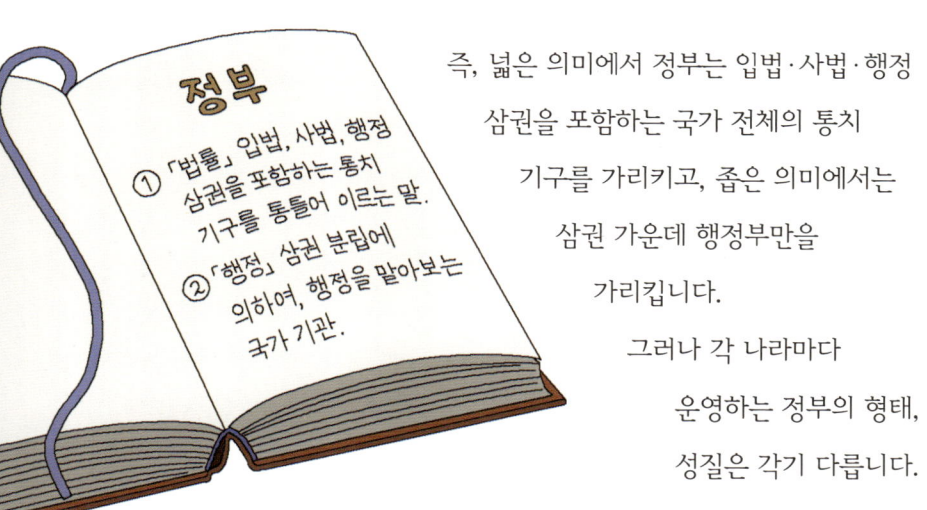

정부

① 「법률」 입법, 사법, 행정 삼권을 포함하는 통치 기구를 통틀어 이르는 말.

② 「행정」 삼권 분립에 의하여, 행정을 맡아보는 국가 기관.

즉, 넓은 의미에서 정부는 입법·사법·행정 삼권을 포함하는 국가 전체의 통치 기구를 가리키고, 좁은 의미에서는 삼권 가운데 행정부만을 가리킵니다.

그러나 각 나라마다 운영하는 정부의 형태, 성질은 각기 다릅니다.

군주제

정부의 형태는 크게 군주제와 공화제로 나눌 수 있습니다.

군주제는 세습되는 군주(왕)가 나라를 다스리는 정치 체제입니다.

군주제는 다시 전제군주제와 입헌군주제로 나눌 수 있습니다.

전제군주제는, 모든 권력을 군주가 소유하고 통치권 또한 독점하는 체제를
가리킵니다.

입헌군주제는, 군주가 헌법에서 정한 제한된 권력만을 가지고 다스리는
정치 체제를 가리킵니다. 이런 경우, 일반적으로 군주는 형식적일 뿐이며,
실제로는 내각에 정치적 권한과 책임이 모두 있습니다.

대표적인 입헌군주제 국가가 영국, 그리고 일본 등입니다.

사우디아라비아 국왕

영국 국왕

공화제

공화제는 국민이 선출한 대표자 또는 대표 기관의 의사에 따라 주권이
행사되는 정치 체제를 가리킵니다.
국민이 나라와 정치권력의 주인이기 때문에 민주주의의 대표적인
체제이기도 하죠.

대통령제

오늘날 공화제를 채택한 나라들은 대통령제, 의원내각제, 이원집정부제 가운데 한 가지를 채택하고 있습니다.

가장 먼저 대통령제를 살펴보면, 이 체제의 가장 큰 특징은 국민이 선거로 입법부(의회)만 선출하는 게 아니라, 행정부 수반(首班)[*]도 선출한다는 것입니다. 행정부 수반은 일반적으로 대통령(大統領, President)이라고 합니다.

[*] 행정부의 가장 높은 자리에 있는 사람.

대통령이라는 행정부 수반은 미국에서 처음 선출하기 시작했습니다.

국회의원만 선출하면, 입법부의 힘이 너무 강해져서 행정부가 약화할 것을 우려했기 때문이죠.

하지만 오늘날은 정반대로 입법부의 국회의원 수백 명보다, 단 한 명만 뽑는 행정부 수반에게 모든 힘과 관심이 집중되는 폐단이 나타나고 있습니다.

미국 초대 대통령
조지 워싱턴(George
Washington, 1732-1799)

대한민국 역시 미국의 예를 따라 대통령제를 채택하였습니다.
대통령제 국가에서는 대통령이 의회의 다수당과 다른 정당에서
선출된 경우, 대통령과 의회 사이에 갈등이 깊어질 수밖에 없죠.
갈등이 일어나는 경우, 이를 중재할 집단을 찾기가 어려워 갈등이
오래 지속되기도 합니다. 그래서 일부 학자들은 대통령제가 안고 있는
단점이 크다고 지적합니다.

국민의 소리

대통령제의 또 다른 문제는 정치적 능력이 부족한 인물이 순간적인 인기를 등에 업거나, 자신이 소유한 언론 권력, 금권*, 사회적 명망을 이용해 대통령에 선출되는 일이 벌어지는 것입니다.

물론 연예인이나 운동선수, 재벌 가운데도 능력이 뛰어난 인물이 있습니다.

* 재력으로 인해서 생기는 권세.

하지만 여러 나라의 사례를 살펴보면, 순간적인 인기로 대통령에 선출된 후 나라를 위기에 빠뜨린 인물이 적지 않습니다.

필리핀 전 대통령
조지프 에스트라다
(Joseph Estrada, 1937-)

대통령제를 채택하지 않은 나라 가운데도 대통령이 존재하는 경우가 있습니다. 따라서 대통령이 존재한다고 모두가 대통령제 국가인 것은 아닙니다.

독일은 의원내각제 국가이지만 대통령이 존재합니다.

독일 대통령 프랑크 발터 슈타인마이어
(Frank-Walter Steinmeier, 1956-)

의원내각제

의원내각제는, 국민이 선출한 국회의원들이 행정부 수반을 선출하는
체제입니다. 이때 국민은 국회의원만 선출하면 됩니다.
의회에서 선출한 행정부 수반은 일반적으로 수상(首相, Prime Minister) 또는
총리(總理)라고 부릅니다.

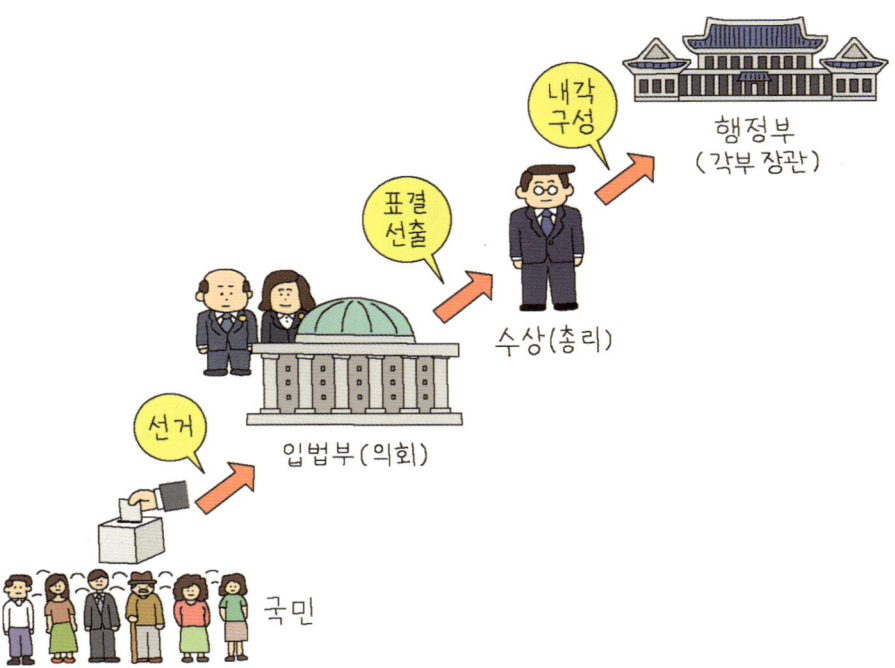

의원내각제에서는 행정부를 하나의 정당, 또는 정책이 비슷한 복수의
정당들이 모여 구성하는 게 일반적입니다. 과반수 이상 국회의원의
찬성이 있으면 수상을 선출할 수 있기 때문입니다.

이런 경우, 정국 주도권을 행정부보다는 입법부가 갖게 되는 경우가
흔합니다. 왜냐하면 국민의 직접 투표를 통해 선출된 것은 입법부를
구성하는 국회의원들이기 때문이죠.

입법부와 행정부의 갈등 역시 크지 않습니다. 입법부를 주도하는 정당에서 행정부 수반도 배출하기 때문입니다. 반면에 행정부의 업무 수행을 견제, 감시하는 데는 대통령제에 비해 그 효능이 약할 수밖에 없습니다.

만일 의원내각제 아래서 입법부와 행정부 사이에 갈등이 생기면 어떻게 할까요?

영국 국회의원

의원내각제 체제에서는 행정부와 의회가 갈등을 빚는 경우, 갈등을 해결하기 위한 수단을 양쪽 모두에게 부여하고 있습니다.

즉, 행정부에게는 의회를 해산할 수 있는 권리를 부여하죠. 반면, 의회는 내각을 불신임할 수 있습니다. 그러면 새로 선거를 해서 새로운 의회와 내각을 구성하게 됩니다.

태국 총리

우리 스웨덴은 내각책임제 국가입니다. 의원내각제와는 조금 다르죠. 의원내각제는 수상이 임명하는 내각 각료가 모두 의원인 반면,

내각책임제는 의원이 아닌 사람도 각료로 임명할 수 있습니다. 다른 것은 모두 같다고 볼 수 있고요. 그래서 내각책임제를 의원내각제와 같은 의미의 제도라고 말하기도 합니다.

스웨덴 총리

의원내각제 체제는 세계에서 가장 많은 나라가 채택하고 있습니다. 그렇다면 왜, 의원내각제를 많은 나라, 특히 민주주의 전통이 오래된 유럽 대다수 국가가 채택하고 있을까요?

첫째, 의원내각제 국가에서 정부의 수반은 수상(총리)이 담당하는 것이
일반적입니다. 그런데 수상이 정치를 잘못하면 어떻게 해야 할까요?
간단합니다. 의회에서 불신임 투표를 하거나,
집권당 내에서 수상을 바꾸면 됩니다.
수상은 집권당 국회의원들이 협의하여 선출했기 때문에, 교체하는 것도
그 경로를 따르면 되죠. 따라서 대통령제 국가에서 잘못된 대통령을
선출했을 때 임기 내내 겪게 되는 혼란을 사전에 방지할 수 있습니다.

둘째, 그렇다면 수상이 정치를 잘하면 어떨까요?
이 또한 간단합니다. 의원내각제에서는 수상의 임기에 제한을 두지 않고
있습니다. 집권당에서 가장 적절한 인물을 수상으로 선출하면 그뿐이기
때문이죠. 그래서 일을 잘하는 수상은 오랜 기간 그 자리를 유지할 수
있습니다.

따라서 한 사람의 수상이 아무리 오랫동안 행정부 수반으로 일을 해도
법적, 현실적으로 아무런 제약이 없습니다.

독일에서는 헬무트 콜(Helmut Kohl, 1930–2017)과
앙겔라 메르켈(Angela Merkel, 1954–)이 무려 16년간 집권했지만,
그 누구도 이들을 독재자라고 하지 않습니다.

셋째, 수상은 그와 같이 활동한 집권당 또는 정부를 함께 구성한 정당
의원들이 간접선거로 선출합니다. 따라서 수상으로 출마하는 사람은 오랜
정치 경력을 가진 경우가 대부분입니다. 이는 국정을 이끌어 갈 수상의
자질을 오랜 기간에 걸쳐 검증할 수 있다는 말이기도 합니다.

그런 까닭에 경력과 경험이 부족한 인물이 한때의 반짝 인기를 등에 업고
나라의 지도자로 선출되는 일이 거의 없습니다. 동료 의원들의 평판이
나쁜 독불장군이 수상으로 선출되는 경우도 거의 없죠.
물론 가끔은 형편없는 인물이 돈과 언론 권력 등을 이용해 수상으로
선출되기도 하지만, 대통령제에서 일어나는 사건에 비하면 매우 드뭅니다.

저는 20년간
건설과 과학기술 분야에서
의정 활동을 펼쳤으며,
경쟁력 있는 나라로 이끌
준비가 되어 있습니다!

저는 여당 의원들뿐 아니라
야당 의원들과도 정책을
함께 토론하고 협상해서
진척시켜 왔습니다!

저는 정부 예산안을 심의하고
정부 부처를 감독하는 데
뛰어난 능력을 인정받았죠.

오랜 경력을 통해
능력을 보여 준 인물들이야.
수상으로 누굴 뽑아도
나라의 앞날이 밝겠어.

국회의원들

이원집정부제

이원집정부제(二元執政府制)는 대통령제와 내각책임제를 혼합한 형태로,

대통령을 국민이 직접 선출하고, 국가 원수로서 권한을 부여합니다.

그리고 의회는 입법부를 담당하죠. 이는 대통령제와 같습니다.

그러나 대통령이 지명하는 총리와 장관은 반드시 의회의 신임을 얻어야만

합니다. 따라서 대통령이 임의로 행정부 각료를 임명할 수 없다는 점은

내각책임제와 유사합니다.

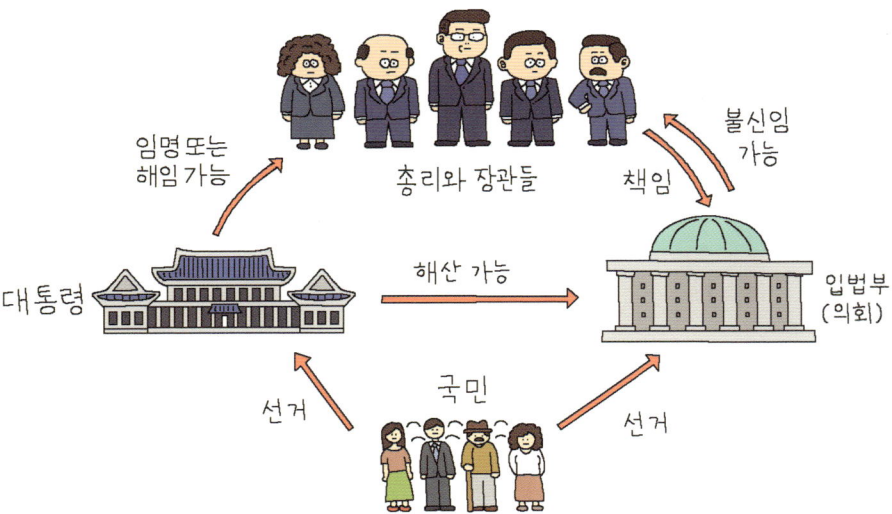

이원집정부제에서 대통령은 외교·국방·안보를, 총리는 법률 집행과 행정 전반을 맡고 있습니다. 그러나 내란이나 전쟁 등 국가 비상시에는 대통령이 전적으로 행정권을 갖게 됩니다.

이원집정부제를 채택하고 있는 대표적인 나라는 프랑스입니다.

프랑스 대통령

프랑스는 본래 내각책임제 국가였죠. 그런데 여러 정파의 갈등으로 내각이 안정적인 행정을 이끌어 갈 수 없었습니다. 그래서 채택한 것이 이원집정부제입니다.

이원집정부제는 내각책임제 아래서 약화된 권한을 강화하기 위해 고안한 제도입니다.

프랑스 대통령은 총리를 임명하고, 총리의 제청에 따라 각료도 임명합니다. 또 법률을 공포하며, 국군 통수권자이기도 합니다. 의회 해산권도 가집니다. 그만큼 내각책임제에 비해 큰 권한을 갖습니다. 반면 행정부는 총리의 지휘 아래 국가의 살림살이를 운영합니다.

전 세계 국가별 정부 형태

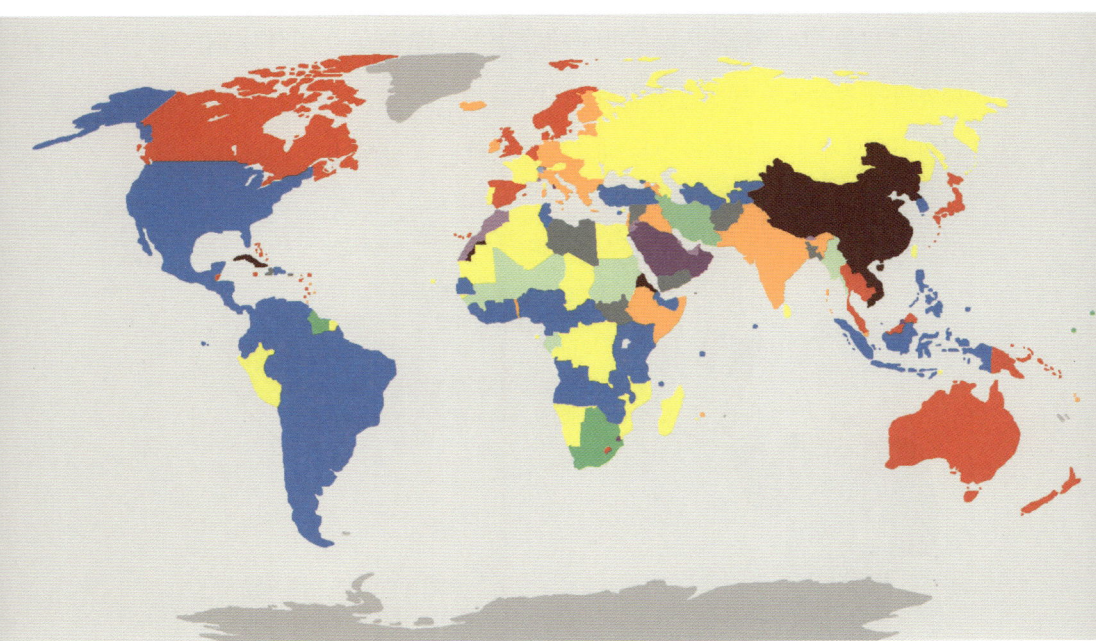

중남미 대륙과 아프리카 국가들은 대통령제를 채택한 나라가 다수이고, 아시아는 대통령제 국가가
조금 많지만 의원내각제 국가의 비율도 상당하다. 그에 비해 유럽은 대다수 국가가 의원내각제와
이원집정부제를 채택하고 있다.

- ■ 대통령제
- ■ 공화제하의 의원내각제
- ■ 군주제하의 의원내각제(군주에게 실권이 거의 없음)
- ■ 군주제하의 의원내각제(군주에게 상당한 실권이 있음)
- ■ 이원집정부제
- ■ 이원집정부제는 아닌, 대통령제와 의원내각제의 절충형
- ■ 전제군주국
- ■ 일당독재체제

2부

의회,
그리고
국회

의회의 탄생

대통령이 있는 국가, 수상(총리)이 있는 국가, 왕이 있는 국가 등 앞에서
살펴본 것처럼 정부의 정치 체제는 다양합니다.
하지만 민주국가라면 꼭 존재하는 게 있습니다.
바로 '의회(議會, assembly, parliament, congress)'입니다.
의회는 민주주의 실현을 위해 반드시
필요하기 때문입니다.
그럼, 의회는 무엇일까요?
사전을 찾아보면 다음과 같습니다.

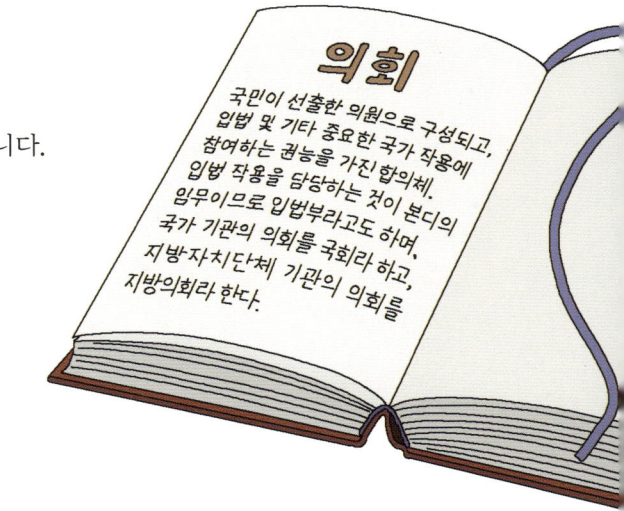

의회

국민이 선출한 의원으로 구성되고,
입법 및 기타 중요한 국가 작용에
참여하는 권능을 가진 합의체.
입법 작용을 담당하는 것이 본디의
임무이므로 입법부라고도 하며,
국가 기관의 의회를 국회라 하고,
지방자치단체 기관의 의회를
지방의회라 한다.

의회에는 지방의회와 국회가 있습니다.

지방의회는 지방자치단체 차원에서 활동합니다. 이때 지방의회는 조례*를
제정·개정하며, 지방자치단체를 견제, 감독하는 기능을 합니다.

국회(國會, National Assembly)는 정부 차원에서 입법부로 활동하며,
국민이 선출한 의원으로 구성됩니다.

이는 '국민이 권력을 가지고 그 권력을 스스로 행사하는 제도'인
민주주의의 핵심이기도 합니다.

또한 '입법(立法)', 즉 법을 제정하는 행위는 법치국가의 근간입니다.

이 책에서는
국가 기관의 의회,
즉, 국회에 대해
살펴보겠습니다.

*   지방자치단체가 법령의 범위
    안에서 지방의회의 의결을
    거쳐 그 지방의 사무에 관하여
    제정하는 법.

따라서 의회(국회)는 법치주의와 민주주의라는 현대 정치에서 가장 중요한 요소를 실제로 구현하는 조직인 셈입니다.

그래서 지구상 대부분의 나라에서 의회 또는 의회에 버금가는 기관을 실질적 또는 형식적으로 설치, 운영하고 있습니다.

사우디아라비아는 전제군주제 국가로, 왕인 내가 다 하고 있지.

그렇다고 해도 의회에 해당하는 슈라위원회라는 기관이 있어. 위원 수는 150명, 임기는 4년인데, 입법권도 가지고 있지.

우리도 대통령은 없지만 의회는 있어! 최고인민회의는 우리 국민 모두를 대표하지.

최고인민회의

흠칫!

의회는 민주주의의 기본이자 핵심이라고 할 수 있죠. 그래서 독재 국가들도 민주주의를 가장하기 위해 형식적으로나마 의회를 설치, 운영합니다.

역사적으로 의회를 처음 구성한 나라는 아이슬란드입니다. 930년경에 '알팅그(Alþingi)'라 불리는 부족 중심 의회를 열었다고 알려져 있죠. 하지만 오늘날 우리가 상상하는 의회와 유사한 기관은 영국에서 비롯한 것으로 추정하고 있습니다.

의회의 원조, 영국

1100년경, 잉글랜드 왕 헨리 1세(Henry I, 1068-1135, 재위 1100-1135)는
자유헌장(Charter of Liberties)을 발표합니다.
이는 그의 형이자 앞서 왕위에 있던 윌리엄 2세(William II,
1056년경-1100, 재위 1087-1100)가 행한 전제정*을 폐지하고,
귀족들의 권한을 인정하겠다고 서약한 것입니다.
이때부터 영국에서는 왕권과 귀족 세력이 적절한 균형을 이루게
되었습니다.
그 후 1215년, 프랑스와의 전쟁에서 패한 존(John, 1166-1216,
재위 1199-1216)왕은 군비 확충을 위해 귀족들과 협의 없이
세금을 올립니다.
이에 분노한 귀족들은 반란을 일으켰고, 반란군은 런던을 장악하기에
이르렀습니다.

* 국가 권력을 개인이 장악하여 민의나 법률에 제약을 받지 않고 실시하는 정치.

KING JOHN SIGNING THE GREAT CHARTER. (See p. 151.)

존 왕이 마그나카르타에 서명하는 모습

국가적 위기를 맞아
내가 나섰지. 왕과 귀족 세력
사이에서 중재를 했거든. 결국 왕은
귀족들의 63개 요구사항을 받아들여
합의에 이르렀어. 그런데 존 왕이
마음을 바꾸더니 합의문 무효를
주장했지 뭐야?

하지만 존 왕이 사망한
1216년에 새로 즉위한
헨리 3세가 다시 승인했지.
그 후에도 우여곡절을 겪은 끝에
1225년, 이 헌장은 성문법*이 되었는데,
이를 마그나카르타(Magna Carta,
대헌장)라고 불러.

* 법의 내용을 문자로 적어 문서의 형식을 갖춘 법.

대주교 스티브 랭턴
(Stephen Langton, 1150-1228)

그 후 1246년경, 귀족들의 모임인 귀족원을 가리켜 'Parliament(의회)'라고
부르기 시작했습니다.

오늘날 의회를 가리키는 단어인 parliament가 이 무렵 탄생한
것입니다. parliament는 라틴어 'parliamentum(팔리아멘툼)'과 프랑스어
'parler(파흘레)'에서 유래한 말로, 본래 뜻은 '말하다'입니다.

따라서 말하기, 즉 국민들의 의사를 의원들이 모여 대변하는 것이
의회의 본질적 기능이라고 할 수 있습니다.

마그나카르타
귀족들의 허락 없이 왕이 세금을 부과할 수
없고, 법에서 벗어나 사람들을 체포하거나
추방하지 못한다는 내용 등이 담겨 있다.

헨리 3세(Henry III, 1207-1272)는 1216년에 즉위하여 1272년까지 56년 동안 왕위에 있었습니다.

처음에는 마그나카르타를 승인하는 등 의회를 인정하던 헨리 3세는 1263년경 반란 세력에게 밀려나고 말았습니다. 프랑스와의 전투에서 밀리자, 병력을 증강하면서 귀족들에게 과도한 세금을 부과하였고 이에 반발한 시몽 드 몽포르(Simon de Montfort, 1208-1265)가 반란을 일으켰기 때문이죠.

이 싸움에서 패한 헨리 3세는 1265년, 웨스트민스터 홀에서 새로운 의회를 소집하는 데 동의해야 했습니다.

이후 왕위 계승자인 에드워드 왕자가 탈출하여 시몽드 몽포르를
살해함으로써 반란은 실패로 돌아갔습니다.

하지만 역사는 이 의회를 영국 의회의 기원으로 평가하고 있습니다.
에드워드 왕자가 에드워드 1세(Edward I, 1239–1307, 재위 1272–1307)로
즉위한 이후, 1295년 그는 웨일스와 스코틀랜드 등의 위기를
극복하기 위해 귀족과 성직자, 기사, 시민 대표 등을 소집하여
의회를 열었는데, 훗날 영국의 의회 구성 체계의 모델이 되어
'모범의회(Model Parliament)'라고 부릅니다.

에드워드 1세의 의회를 묘사한 것으로,
16세기에 그린 그림이다.

longtain voyage: quil souffira de porter seulemet ung
las de soye a vng ymage de sainct george pendat a icellui.
Aussi se ledit colier dor auoit besoing de reparacion il pora
estre mis en la main de louurier iusques a ce quil soit
repare. Lequel colier aussi ne pourra estre enrichy de
pierres ou daultres choses reserue ses ymage qui pourra
estre garny au plaisir du cheualier. Et aussi ne pourra
estre ledit colier vendu engaige donne ne aliene pour
necessite ou cause quelconque que ce soit

Alexander Rex
Scotor

Lewellin
princeps
wallie

고위 귀족과 성직자들은 귀족원으로, 기사들과 시민 대표들은 평민원으로
구성하였는데, 이것이 오늘날의 상원(귀족원)과 하원(평민원)으로,
양원을 구성한 영국 의회의 기틀이 된 것입니다.

그 이후 영국 의회는 청교도혁명(1642~1649)을 계기로 전 국민의 대표
기관으로 거듭납니다.

엘리자베스 1세
(Elizabeth I, 1533-1603, 재위 1558-1603)

엘리자베스 1세 여왕 시대에
영국의 절대주의는 가장 강력했습니다.
그 무렵 영국은 동인도회사를 설립하고
중상주의*를 채택하였으며, 빈민구제법을
시행하는 등 나라 전체가 발전하였습니다.
그래서 절대 왕권을 휘둘러도 반발이
크지 않았죠.

그러나 튜더 왕조 출신의
엘리자베스 1세 여왕이 사망한 후 즉위한
스튜어트 왕조 출신 제임스 1세는 의회의
권한을 무시하면서 대립하였습니다.

* 상업과 무역을 국가 핵심 경제활동으로 여기며,
수출은 장려하고 수입을 억제해 국가의 이익을
극대화하는 정책.

나는 엘리자베스와 달리 잉글랜드 출신이 아니라 스코틀랜드 출신이었어. 그래서 잉글랜드의 정치적 분위기 따위 신경도 안 쓰면서 왕권신수설(王權神授說), 그러니까 왕의 권한은 신에게서 받았다고 주장했지. 그러다 보니 의회가 반발하더군.

제임스 1세
(James I, 1566-1625, 재위 1603-1625)

제임스 1세가 사망한 뒤 즉위한 찰스 1세는 한술 더 떴습니다.

그는 의회의 승인 없이 세금을 징수했을 뿐 아니라, 시민들에게 군법을 적용해 투옥하기도 했죠.

그런데 내가 의회에 협조를 요청할 수밖에 없는 일이 벌어졌어. 스코틀랜드에 국교*를 강요하는 과정에서 반란이 일어났거든.

이에 필요한 비용을 조달하기 위해 어쩔 수 없이 의회를 소집했는데, 그때 내게 반대하는 세력이 들고일어났다니까.

찰스 1세
(Charles I, 1600-1649, 재위 1625-1649)

* 국가가 공식적으로 정해 국민에게 강요하거나 장려하는 종교로, 당시 성공회가 국교였다.

그렇게 해서 발생한 것이 '청교도혁명'입니다.

크롬웰

청교도혁명은 크롬웰이라는 탁월한 인물이 이끌면서 의회의 승리로 끝났고, 찰스 1세는 1649년 처형되었습니다. 이때부터 군주제와 귀족원은 폐지되었고, 영국은 공화국으로 재탄생하게 됩니다.

청교도혁명으로 왕권이 급속히 약화하고 의회의 권한이 강해졌지만,

전권을 휘두르겠다는 왕의 의지는 쉽게 사그라지지 않았습니다.

1685년 2월 6일, 드디어 내가 왕위에 오르는 날이군. 으하하!

이젠 청교도혁명도 끝났으니, 의회 따위 무시하고 전제정을 추진하겠어! 내가 최고야!

제임스 2세
(James II, 1633-1701, 재위 1685-1688)

그 무렵 영국 의회에는 토리당과 휘그당이라는 두 세력이 있었습니다.
'토리'는 아일랜드어로 '도적'을 가리키는 표현이고,
'휘그'는 스코틀랜드어로 '폭도'를 뜻합니다. 두 단어 모두
스스로 붙인 것이 아니라 상대방을 비하해서 부른 명칭입니다.
귀족과 지주를 기반으로 왕권과 국교회를 지지하던 토리당과, 성장한
시민계급을 기반으로 한 휘그당은 보수파와 진보파를 대변하였습니다.
하지만 전제적인 왕권에 대항할 때는 같은 의회 구성원으로서 힘을
모았습니다.

제임스 2세의 정치에 실망한 토리당과 휘그당 지도자들은 그의 딸 메리 2세(Mary II, 1662-1694)와 그녀의 남편, 네덜란드 총독 오렌지공 윌리엄(Willem III van Oranje, 1650-1702)에게 영국으로 돌아올 것을 요청하였습니다.

메리 2세와
오렌지공 윌리엄

1689년 오렌지공 윌리엄과
메리 2세의 공동 대관식을 그린
그림이다.

우리는 1689년 초에 의회가
제출한 권리장전을 승인하고
함께 왕위에 올랐어.
이 과정에서 피 한 방울 흘리지
않았지. 그래서 '명예혁명'이라고
부르게 된 거야.

메리 2세

권리장전에 포함된 내용 가운데 중요한 부분은 다음과 같습니다.

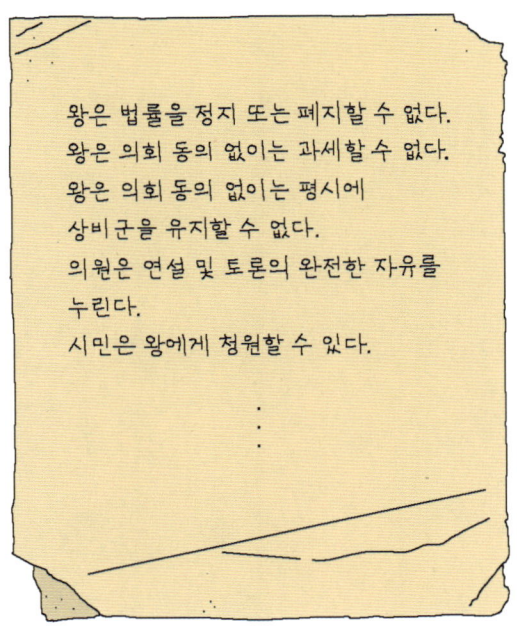

왕은 법률을 정지 또는 폐지할 수 없다.
왕은 의회 동의 없이는 과세할 수 없다.
왕은 의회 동의 없이는 평시에
상비군을 유지할 수 없다.
의원은 연설 및 토론의 완전한 자유를
누린다.
시민은 왕에게 청원할 수 있다.

그 결과 왕권과 의회의 갈등은 의회의 승리로 귀결되었으며,

의회 정치 발달의 기초를 확립하게 되었습니다.

국가의 기초를 마련한, 미국 의회

영국 식민지였던 미국은 1774년, 독립 이전부터 13개 식민지 대표들이
모여 '대륙회의(Continental Congress)'라는 조직을 설치, 운영하였습니다.
영국 의회를 바탕으로 한 기관이었지만, 목적은 영국의 강압적인
식민지 정책에 대응하기 위해서였죠.
대륙회의는 1776년, 미국 독립선언문을 발표합니다.
이때 13개 식민지는, 하나하나의 나라로 영국을 비롯한 강대국에
대처하기란 쉽지 않다는 판단에 연방제 국가를 건설합니다.

모든 인간은 태어나면서부터 평등하고, 자유와 행복을 얻을 권리가 있다. 우리는 이 권리를 위해 정부를 조직하고, 이 정부의 권리는 국민의 동의로 시작한다.

미국 제3대 대통령 토머스 제퍼슨
(Thomas Jefferson, 1743-1826)

미국 독립선언문
1776년 7월 4일, 필라델피아에서 열린 제2차 대륙회의에서 발표했으며,
맨 아래에는 13개 식민지 대표의 서명이 있다.

연방제란 사전에 의하면 다음과 같습니다.

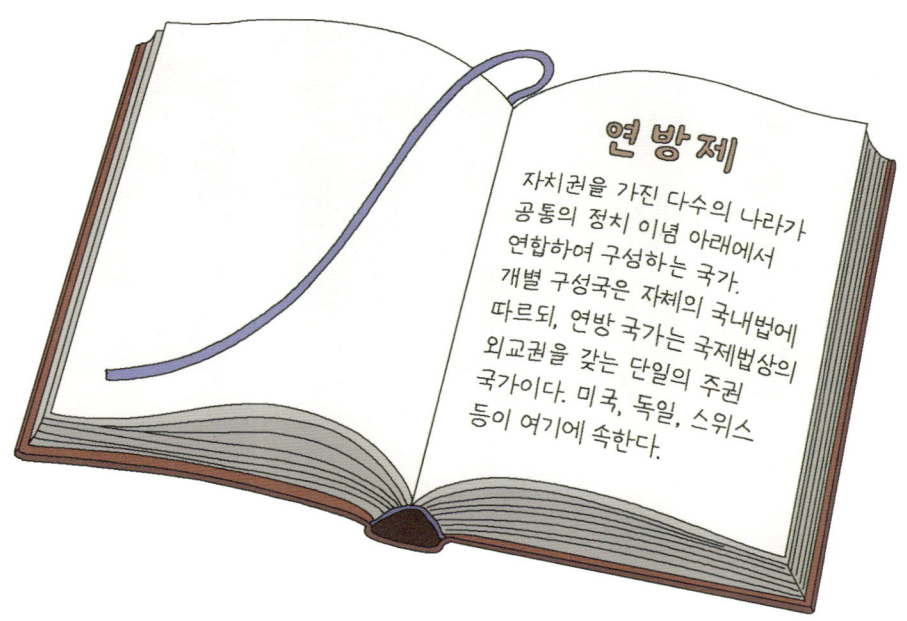

연 방 제

자치권을 가진 다수의 나라가 공통의 정치 이념 아래에서 연합하여 구성하는 국가. 개별 구성국은 자체의 국내법에 따르되, 연방 국가는 국제법상의 외교권을 갖는 단일의 주권 국가이다. 미국, 독일, 스위스 등이 여기에 속한다.

미국은 독립 이후 양원제(상원과 하원) 의회를 출범시킵니다.

상원은 각 주를 대표하는 2명을 선거로 선출하고, 동등한 발언권을

가지도록 했습니다. 이는 각 주마다 자치권을 인정했기 때문입니다.

하원은 인구 비례에 따라 의석이 배분됩니다.

미국 주기

우리는 각기 독자적인 국가이면서 미합중국이라는 연방 국가이기도 해.

미국 의회의 또 다른 특징은 입법권을 독점한다는 것입니다.

대한민국을 비롯해 많은 나라들은 의회(국회)와 행정부가 입법권을

공유하는 데 비해, 미국은 의회에서만 법을 제정할 수 있죠.

혁명에서 출발한, 프랑스 국민의회

프랑스에는 1302년에 설립된 삼부회(三部會, Etats Généraux)가 있었습니다.
성직자, 귀족, 평민 출신 의원으로 구성된 신분제 의회였지만
절대왕정을 추구한 부르봉 왕조를 거치면서 유명무실해졌죠.
16세기 말, 루이 13세부터 절대왕정을 펼쳤는데
루이 16세(Louis XVI, 1754-1793, 재위 1774-1792) 대에 이르러,
나라의 금고가 텅 비고 말았습니다.

우리는 정말 절약하며 살았어! 그런데 우리가 즉위하기 전부터 나라 살림살이가 텅 비어 있었다니까.

게다가 우리가 왕위에 있을 때 프랑스는 영국과 전쟁을 치러야 했고, 또 영국과 싸우던 미국의 독립을 지지하기 위해 전쟁을 지원하면서 재정 적자가 발생한 거야.

루이 16세와 그의 부인 마리 앙투아네트
(Marie Antoinette d'Autriche, 1755-1793)

결국 프랑스 정부는 귀족과 성직자에게 더 많은 세금을 징수하기로 했죠.

하지만 그들의 저항이 거셌고, 어쩔 수 없이 루이 16세는 삼부회를 소집할

수밖에 없었습니다.

삼부회의 합의를 통해 세금을 더 거두려고 했던 것입니다.

하지만 그의 의도는 보기 좋게 깨졌습니다.

오히려 시민계급이 나서 자신들의 권리 강화를 주장하였고,

결국 이러한 움직임은 1789년 프랑스 대혁명으로 이어졌습니다.

이렇게 일어난 프랑스 대혁명을 계기로, 프랑스에 '국민의회(Assemblée Nationale)'라는 민주적인 입법부가 설치되었습니다.

처음에 단원제였던 국민의회는 이후 여러 번 그 형태를 바꾸면서 운영되다가, 오늘날은 공화국 의회(상원)와 국민의회(하원), 양원제로 운영되고 있습니다.

의회의 형태

앞서 살펴본 나라들이 18세기까지 여러 형태의 의회를 설치, 운영한 것처럼 19세기에 들어서면서 독일, 스위스, 이탈리아, 노르웨이, 스페인 등에서도 의회를 설치하였고 대의정치 체제가 널리 확산하기 시작하였습니다.

현재 세계 각국의 의회는 양원제 또는 단원제로 운영되고 있습니다. 약 60% 국가는 단원제를 채택했고, 40% 국가는 양원제를 채택했습니다. 그럼, 양원제와 단원제는 무엇이고, 어떤 특징이 있을까요?

전 세계 국가별 의회 형태

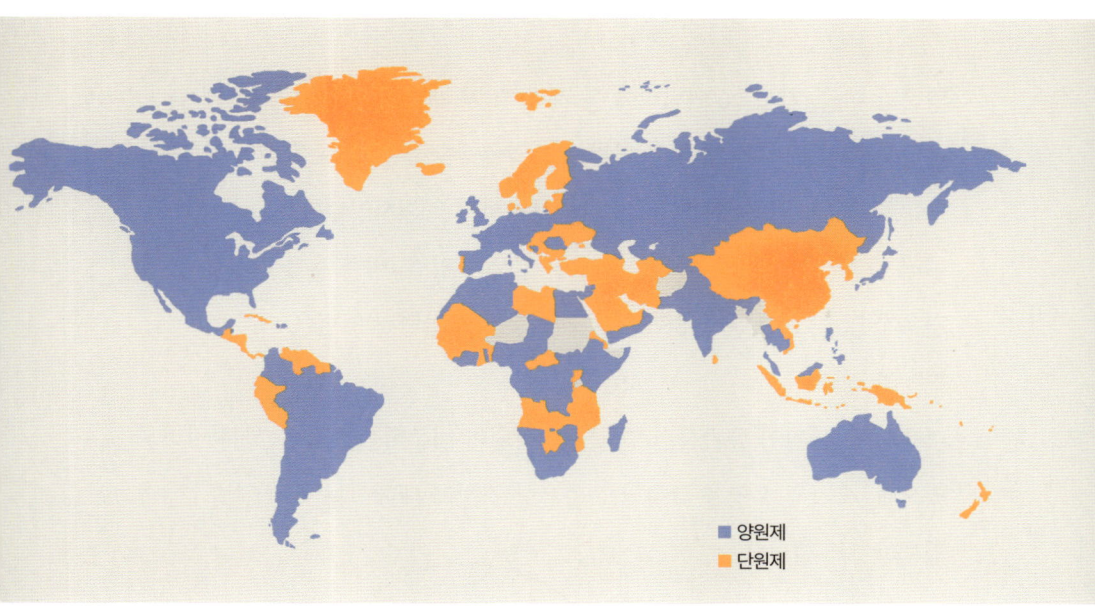

양원제(兩院制)는, 의회를 상원과 하원, 두 개의 원(院)으로 구성하는 제도를
가리킵니다. 의회가 2개인 셈이죠.

반면 단원제(單院制)는, 단 하나의 원(院)으로 구성하는 제도입니다.

대한민국 국회는 단원제로 운영합니다.

양원제

영국과 미국, 프랑스, 이탈리아 등 세계 70여 개국이 양원제 의회를
운영하고 있습니다. 왜 많은 나라에서 양원제를 운영하는 것일까요?
우선, 의회가 실행해야 하는 기능을 분리하기 위해서입니다.
여러 나라에서 상원은 외교와 관련된 업무와 입법, 비준 등을 다루는
경우가 많습니다. 반면에 하원은 국내 문제와 관련된 입법을 다루는
경우가 많죠.
다음으로, 하원이 통과시킨 법률안을 상원이 비준하는 기능을 하는 나라도
많으며, 국가의 운명을 좌우하는 중요한 결정에 대해서는 다시 한번
검토하기도 합니다.

상원과 하원의 권한은 나라마다 다릅니다. 어떤 나라에서는 상원과 하원이 동등한 권한을 갖는 반면, 다른 나라에서는 상원이 하원에 비해 권한이 약합니다. 반면, 상원이 하원보다 권한이 강한 경우는 거의 없습니다. 앞서 말한 것처럼 가장 중요한 입법권을 하원이 갖기 때문이죠.

우리는 하원의원이 갖는 권한을 가질 생각도 안 하죠. 우리는 극히 일부의 일만 하거든요.

인도 상원의원

일본에서는 하원을 중의원, 상원을 참의원이라고 부릅니다. 그런데 참의원을 선출하는 방식이 중의원과 크게 다르지 않습니다. 권한은 더 약하고요.

우리도 다르지 않아요. 하원의원이 더 큰 권한을 갖는 게 당연합니다.

캐나다 상원의원

일본 상원의원

독일 상원의원

미국 상원의원

한편 상원의원은 지역을 대표하기도 하지만, 여러 나라에서

사회 각 분야, 나아가 다양한 단체, 종교계, 경제계, 문화계 등을

대표하기도 합니다.

말레이시아 국왕

영국 상원의원

프랑스 상원의원

연방제 국가에서는 양원제가 또 다른 기능을 하기도 합니다.

앞서 설명했듯이 미국처럼 각 주의 이익을 대변하기 위해 상원은

지역을 대표하는 의원으로 선출하고, 하원은 인구 비례로 선출합니다.

미국 상원의원

우리 스위스도 마찬가지예요. 20개 칸톤(행정구역의 일종)에서는 2명씩, 준칸톤에서는 1명씩을 상원의원으로 선출합니다.

칸톤의 인구가 많건 적건 똑같습니다.

스위스 시민

그렇다고 모든 연방제 국가에서 상원의원을 주(州)마다 같은 수로
선출하는 것은 아닙니다.

독일이나 캐나다, 오스트리아, 인도 같은 나라의 경우에는 주마다
선출하는 상원의원 숫자가 인구에 따라 다릅니다.

일반적으로 상원의원 숫자는 하원의원 숫자에 비해 적은데,
입법부로서 의회가 시행하는 대부분의 기능을 하원이 담당하기
때문입니다.

단원제

과거, 그러니까 사회가 신분제의 특징을 지녔을 때는 각 계층의 이익을
대변하기 위해 상원과 하원이 필요했을지 모릅니다.

하지만 오늘날과 같은 민주사회에서는 모든 시민들이 같은 권리와 의무를
지니고 있습니다.

따라서 상원과 하원으로 구분할 필요가 없다고 여기는 이들이 많죠.

전 세계적으로 단원제를 채택한 나라가 더 많은 까닭도 여기에 있습니다.

국회에서는
무슨 일을 할까?

앞서 살펴본 것처럼 민주주의 국가에 필수적인 기관이 바로

의회(국회)입니다.

그렇다면 오늘날 전 세계 대부분 국가가 설치, 운영하는 의회는 어떤

기능을 할까요?

여기에서는 지역 경제 활성화를 위한 공청회*가 열리고 있고요.

이곳에서는 지난해에 발생한 사고에 대한 청문회**를 개최하고 있습니다. 바쁘다 바빠!

---

* 국회나 행정 기관에서 일의 관련자에게 의견을 들어 보는 공개적인 모임. 주요한 안건을 심의하기 전에, 학자·경험자 또는 이해관계자를 참석시켜 의견을 듣는 공개회의.

** 위원회가 중요한 안건을 심사하거나 국정감사 또는 국정조사를 실시할 때, 정보나 자료를 수집하기 위하여 증인 등을 출석시켜 증언을 청취하는 것.

국민을 대표하는 기관

자신의 의사를 대변해 달라며 국민이 직접 선출한 사람들로 구성된
국민대표 기관이 의회, 우리나라에서는 국회입니다.
그리고 국민대표로 선출된 사람을 '국회의원'이라고 합니다.
대의민주제(代議民主制)[※] 아래에서 대통령과 함께 민의를 대변하는
대표적인 기관이 국회인 셈이죠.

국회는 국민을 대표하는 기관으로서 다양한 활동을 벌입니다.

첫 번째, 국회의원은 자신이 대표하는 지역 또는 분야의 목소리를
취합하고 경청하며, 그들의 목소리를 정책적으로 구현하기 위해
여러 활동을 벌입니다. 국회에서 일상적으로 개최하는 다양한 회의들은
그런 사람들의 목소리를 듣기 위한 자리 가운데 하나입니다.

두 번째, 다양한 집단 간의 토론과 토의를 통해 사회적 갈등을 해소하고,

통합된 사회로 나아가는 비전을 제시합니다.

이를 위해 국회의원들은 자신의 지역구나 분야가 아니더라도 다양한

계층의 사람을 만날 뿐 아니라, 의견을 달리하는 다른 당 국회의원들과도

끊임없이 의사소통하며 타협과 합의를 모색해 나갑니다.

국가 권력 최고 기관

국회는 국민의 주권을 대표하는 기관으로, 국가 권력의 최고 기관입니다.
이를 상징적으로 보여 주는 것이 헌법 제정 또는 개정에 대한
국회의 권한이죠.
행정부 수반인 대통령을 비롯해, 정부를 이끌어가는 주요 인물들을
탄핵할 수 있는 권리는 여러 나라에서 국회에 부여하는데,
이 역시 국가 권력 최고 기관으로서의 기능 가운데 하나입니다.

국회의원은
공무원들의 직무집행을
감시, 판단할 수 있지.

헌법 제65조 1항
대통령·국무총리·국무위원·행정 각부의 장·헌법재판소
재판관·법관·중앙선거관리위원회 위원·감사원장·감사위원
기타 법률이 정한 공무원이 그 직무집행에 있어서 헌법이나
법률을 위배한 때에는 국회는 탄핵의 소추를 의결할 수 있다.

또 내각책임제 국가에서는 국회가 행정부 수반을 지명하고 내각을 구성하므로, 입법부뿐 아니라 행정부에 대해서도 권한과 책임을 다합니다. 한편 '대표 없이 과세 없다'*는 오랜 전통을 이어받아, 국회가 동의를 해야 모든 세금의 부과 및 징수가 가능합니다. 오늘날 세금은 한 나라의 살림살이 전체라고 할 만큼 중요하기 때문에, 과세에 대한 국회의 권한은 국가 권력의 최고 기관으로서 마땅히 행사해야 할 권한이자 의무입니다.

---

* 7년 전쟁(1756–1763)으로 인해 영국 정부의 재정이 크게 악화되자, 영국은 식민지 미국에 일방적으로 과세하기 시작했다. 이에 미국은 국민 스스로 선출한 국회의원의 승인 없이 과세를 부과할 수 없다는 원칙을 내세웠다. 이 원칙을 기반으로 미국은 독립을 결심했으며, 이후 이 원칙은 현대 민주주의 조세 제도의 핵심 원리로 자리 잡았다.

입법 기능

국회의 입법 기능은, 국회를 '입법부(立法府)'라고 부르는 것에서 알 수

있듯이 가장 본질적인 기능입니다.

그렇다면 왜 다양한 일을 담당하는 국회를 입법부라고 하는 것일까요?

민주주의 국가는 국민이 주인이며,

국민이 주인임을 천명한 선언문이 '헌법'이라고 할 수 있습니다.

그리고 헌법에는 국민을 보호하고, 기본권을 보장하는 규범도 담겨 있죠.

헌법은, 국가 통치 체제의 기초에 관한
각종 근본 법규의 총체입니다.
모든 국가의 법의 체계적 기초로서 국가의 조직,
구성 및 작용에 관한 근본법이며 다른 법률이나
명령으로 변경할 수 없는 한 최고의 법규이죠.

나
헌법학자!

이처럼 법률에 의하지 않고는 그 어떤 국민도 피해를 받지 않는다는 것이 대표적인 민주주의의 원칙인데, 이를 가리켜 '법치주의'라고 합니다.

법치주의(法治主義)를 사전에서 찾아보면 다음과 같습니다.

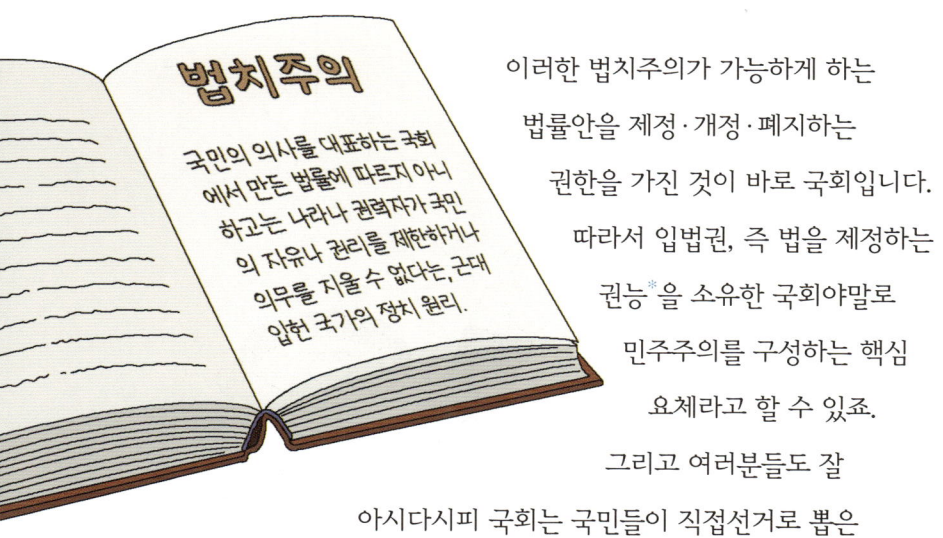

법치주의

국민의 의사를 대표하는 국회에서 만든 법률에 따르지 아니하고는 나라나 권력자가 국민의 자유나 권리를 제한하거나 의무를 지울 수 없다는, 근대 입헌 국가의 정치 원리.

이러한 법치주의가 가능하게 하는
법률안을 제정·개정·폐지하는
권한을 가진 것이 바로 국회입니다.
따라서 입법권, 즉 법을 제정하는
권능*을 소유한 국회야말로
민주주의를 구성하는 핵심
요체라고 할 수 있죠.
그리고 여러분들도 잘
아시다시피 국회는 국민들이 직접선거로 뽑은
국회의원들로 이루어져 있습니다.

---

* 권리를 주장하고 행사할 수 있는 능력.

정부에 대한 견제 및 감독 기능

국회가 입법권 행사, 국민의 의사 대변 등 다양한 활동을 한다고 해도,
나라의 살림살이에 관한 실질적 행위는 정부, 즉 행정부에서 담당합니다.
따라서 국회로서는 자신들이 제정한 법과 그에 따르는 활동이
제대로 집행되는지 행정부를 감독·감시할 필요가 있습니다.
민주주의 국가에서는 이에 대한 다양한 제도를 마련하고 있죠.

첫 번째, 국회는 국정감사 및 국정조사, 청문회 등을 통해 행정부의 활동을 감시·감독합니다.

국회가 국정 전반에 관하여 행하는 감사인 국정감사는 국회의 행정부 감독 기능 가운데 대표적인 것이죠.

'국정감사'가 국정 전반에 관한 감사라면, 특정한 국정에 대해 행하는 일을 '국정조사'라고 합니다.

두 번째, 인사청문회를 들 수 있습니다.

인사청문회란 공직 후보자에 대해 임명 전에 그 자격과 능력 등에 관해
의견을 듣는 활동을 가리킵니다.

국회법 제 65조 2항

1. 대통령이 임명하는
   헌법재판소 재판관,
   중앙선거관리위원회 위원,
   국무위원, 방송통신위원회
   위원장, 국가정보원장,
   공정거래위원회 위원장,
   금융위원회 위원장,
   국가인권위원회 위원장,
   고위공직자범죄수사처장,
   국세청장, 검찰총장, 경찰청장,
   합동참모의장, 한국은행

   총재, 특별감찰관 또는
   한국방송공사 사장의 후보자
2. 대통령당선인이 「대통령직
   인수에 관한 법률」 제5조
   제1항에 따라 지명하는
   국무위원 후보자
3. 대법원장이 지명하는
   헌법재판소 재판관 또는
   중앙선거관리위원회 위원의
   후보자

인사 청문 대상이 되는 공직 후보자는 행정부 외에 사법부에 속하는
인물도 있지만, 그 본질은 행정부 수반인 대통령이 임명하는 후보자이기
때문에, 행정부를 견제하는 활동이라고 할 수 있습니다.

세 번째, 마지막으로 예산안과 결산안 심의를 들 수 있습니다.

과세를 거쳐 징수한 세금은 정부의 예산안에 의해 집행하며,

그 결과는 결산안에 나타납니다.

이는 국민이 납부하는 세금을 정부에서 사용하는, 나라 살림살이의

근본이라고 할 수 있습니다.

한편 내각책임제 국가에서는 총리 및 정부 불신임안을 제출함으로써
행정부 전체에 대한 책임을 물을 수도 있습니다.

지도자 양성 기능

민주주의는 단순히 형식만을 갖춘 제도가 아닙니다.

민주주의는 인류가 오랜 기간에 걸쳐 고안한 특별한 제도입니다.

이러한 민주주의를 나라와 사회에 적용하기 위해서는 구성원 모두가
민주주의를 학습하고 훈련해야 합니다.

특히 국민을 대신해 민주주의를 행동에 옮기고자 하는 정치인들은 더더욱
'민주주의의 전문가'가 되어야 합니다.

따라서 국회의원 선거(지방의회 선거도 마찬가지) 과정을 통해 정치인들은
시민의 의사를 결집·대변하는 활동을 학습하게 되고, 국회의원으로
선출된 후에는 한 걸음 더 나아간 숙의민주주의*를 체험하게 됩니다.

따라서 국회의원 선출 과정은 나라에 필요한 민주주의 정치인의 양성에
필수적인 기능이라고 할 수 있습니다.

민주주의란 매우 어려우면서도,
참고 인내하며 상대방과 논의하는
과정이죠. 그래서 민주주의는
단순히 말 몇 마디로 실행할
수 있는 개념이 아닙니다.

오랜 시간에 걸쳐
배우고 실천에 옮기는
과정입니다.

*   여러 사람이 모여 어떤
    문제를 깊이 생각하고
    의논하는 숙의가
    의사결정에 중심이 되는
    민주주의 형식.

국회의원은 어떻게 선출할까?

한 나라의 국회의원은 전 국민의 대표이자,
국민의 의사를 대변하는 대리인입니다.
민주주의 국가는 국회의원이 전 국민을 효과적으로 대표할 수 있도록
최선의 방법을 찾기 위해 노력합니다.
그렇다면 국회의원이 전 국민을 대표하는 방법에는 어떤 게 있을까요?

첫째, 지역을 대표해야 합니다.
한 나라에 속한 모든 지역이 소외되지 않고, 그 지역의 의사와 이익을
대변할 수 있는 대표자를 선출하는 것입니다.

둘째, 분야를 대표해야 합니다.

한 나라를 운영해 나가는 데는 수많은 직업, 분야의 전문가가 필요합니다.

따라서 사회가 효율적으로 운영되기 위해서는 모든 분야 전문가들의

의견을 청취해야 합니다. 그러기 위해 다양한 분야의 전문가가 국회에

들어가도록 하는 것입니다.

셋째, 계층을 대표해야 합니다.

국민을 구성하는 개인을 살펴보면, 남자와 여자, 젊은이와 노인,

부자와 가난한 자, 강자와 약자 등 매우 다양합니다.

그런데 사회적으로 약한 지위에 있는 사람들을 대변해 주는 수단은

별로 없습니다. 따라서 국회에서 이러한 계층을 대표해야 합니다.

그렇다면 국회의원 선거에서 시민이 원하는 후보에게 투표만 하면
자연스럽게 지역, 분야, 계층을 대표하는 이들을 뽑을 수 있을까요?
국회의원을 선출하는 사람, 즉 유권자들은 자신이 선호하는 후보자에게
투표만 하면 자신의 뜻이 반영된 결과가 나올 것이라고 여깁니다.
그러나 실제 투표 결과를 살펴보면, 유권자의 뜻대로 선거 결과가 나오는
게 얼마나 어려운지 알 수 있습니다.
그래서 많은 나라는 유권자들의 뜻이 효율적으로 반영되도록
다양한 선거 방식을 고안하여 운영하고 있습니다.
그럼, 여러 나라에서 시행하고 있는 다양한 국회의원 선출 방법을
살펴볼까요?

단순다수 선거제

단순다수 선거제는 한 선거구에서 가장 많은 표를 얻은 사람을
국회의원으로 선출하는 제도입니다.
대한민국 지역구 국회의원 선거 방식이 대표적인 단순다수 선거제입니다.
한 선거구에서 1등을 한 후보를 국회의원으로 선출하는데,
이때 그 후보가 몇 %의 득표율을 올렸는지는 중요하지 않습니다.

내가 찍은 후보는 낙선됐어….

당선자 득표율이 35%밖에 안 되네. 그럼 65%, 절반이 넘는 유권자들은 당선자를 선택하지 않았다는 의미잖아.

과반의 표를 얻지 못한 건데, 대표성이 있는 건가?

단순다수 선거제는 매우 간단해서, 많은 나라들이 채택하고 있습니다. 그런데 유럽에서는 거의 채택하고 있지 않다는 것이 눈에 띄는 현상입니다. 국민의 의사를 제대로 대변하지 못한다고 여기기 때문이죠.

절대다수 선거제

선호투표제, 결선투표제

절대다수 선거제는 단순다수 선거제가 안고 있는 문제를 보완하기 위해
고안한 방식입니다.

절대다수 선거제는 다시 두 종류로 나뉩니다.

나는 1등에 홍후보,
2등에 이후보, 3등에 임후보,
4등에 박후보를 뽑을래.

1등이 50% 이상 나온 후보자가 있으면 그 사람이 선출됩니다. 만일 50% 이상 나온 후보가 없으면, 유권자가 써낸 다음 등수 후보자의 표를 다양한 방식으로 배분해 줍니다. 최종적으로 50%가 넘는 후보가 나올 때까지 표를 배분한 후 선출하는데, 이를 절대다수 전면적 선호투표제라고 부릅니다.

선호투표제

1. 투표 당일

< 투표 용지 >

① ② ③   ① ② ③   ① ② ③

각 후보자에게
지지순위 표기

2. 1차 개표

38.5% 31.5% 30.0%

과반 득표자 나오면 선거 종료
과반 득표자 부재 시 표를 배분

3. 2차 개표

최하위 후보의 표에 2순위로
적힌 후보에게 표를 재분배

4. 최종 개표 결과

당선

50.5% 49.5%

최종 득표율
과반 달성 후보자 당선

유권자인 우리는 투표용지를
확인한 다음에 누구에게
표를 배분할 것인지 신중하게
고민하고 결정해야 하죠.

선호투표제는 많은 지지를 받은 후보를 선출할 수 있어 선거 불복 등 후유증 발생을 막을 수 있습니다. 이때 표를 배분하는 방식이 나라마다 조금씩 다를 뿐 아니라 최종 개표하는 데까지 오랜 시간이 필요하죠.

이와는 다른 절대다수 선거제는 결선투표제입니다.

결선투표제란 50%를 얻은 후보가 없는 경우, 일정 조건을 갖춘 후보들을

상대로 다시 선거를 하는 제도입니다.

결선투표제

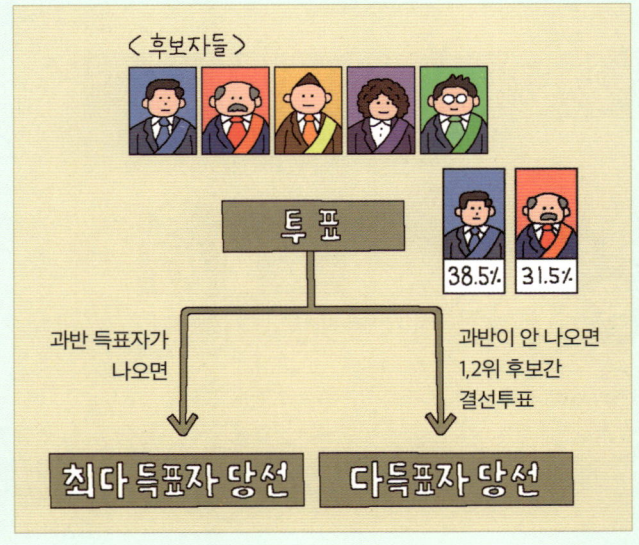

결선투표제는 1등과 2등 후보만 결선에 오르거나, 12.5% 이상을 득표한 후보들 모두가 결선에 오르는데, 이는 나라마다 다릅니다.

결선투표제는 선거를 두 번 해야 하는 번거로움이 있지만, 당선자는 대부분 과반수가 넘는 유권자의 선택을 받아 실질적인 대표로 인정할 수 있다는 장점이 있죠.

또한 결선투표를 앞두고서는 12.5% 이상 받은 후보들끼리 연합해서 더 많은 득표를 한 후보와 상대할 수 있습니다. 그래서 민주주의의 요소인 협상과 타협이 잘 발휘될 수도 있습니다.

결선투표제는 세계적으로 80개국이 넘는 나라에서 채택하고 있습니다. 특히 대통령제를 채택한 나라들 가운데 프랑스, 브라질, 오스트리아, 핀란드, 포르투갈 등 많은 나라는 대통령 선거에서도 결선투표제를 실시하고 있죠.

비례대표 선거제

비례대표 선거제는 다수 선거제, 즉 한 선거구에서
가장 많은 표를 얻은 사람을 선출하는 선거 방식의 단점을 보완하기 위해
고안한 제도입니다.
아무리 많은 표를 얻어도 2등을 하면 낙선해서, 유권자들의 뜻을
제대로 반영할 수 없기 때문이죠.
비례대표를 어떻게 선출하느냐에 따라 비례대표 선거제 역시 매우
다양하며, 복잡한 선거 방식을 채택하고 있습니다.
이는 많은 나라들이 유권자의 선택이 합리적으로 구현될 수 있는
방법을 찾기 위해서입니다.

비례대표 선거 방식은 크게 나누어 정당명부식 비례대표제와
단기이양식 비례대표제가 있습니다.

정당명부식 비례대표제

정당명부식 비례대표제는, 한 선거구에서 후보를 추천한 정당에 대해
유권자들이 투표하는 방식입니다.

정당명부식 개방형 비례대표제 투표용지
지지정당과 함께 그 정당의 선호하는 후보를 자유롭게 선택할 수 있다.

하지만 정당명부식 비례대표제 방식 역시 나라마다 다양합니다. 과장해서
말하면, 비례대표 선출 방식은 나라 숫자만큼 많다고 할 수도 있습니다.
우리나라 비례대표제는 정당에서 비례 순번을 정해 제출하는 방식의
폐쇄형 명부식입니다.

스웨덴 투표용지

정당과 후보자명이 적혀 있는
투표용지

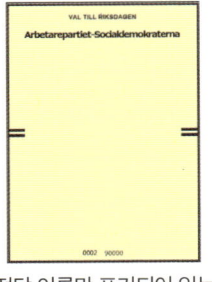
정당 이름만 표기되어 있는
투표용지

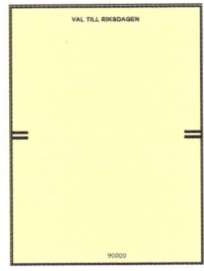
빈 투표용지

다양한 투표용지가 놓인
스웨덴 투표소

스웨덴의 경우, 유권자가 정당명과 후보자명이 모두 기입되어 있는
정당명부 투표용지, 정당 이름만 표기되어 있는 정당 투표용지,
선호 정당이나 후보자 이름을 직접 기입할 수 있는 빈 투표용지 중
하나를 선택해 투표할 수 있습니다.

스웨덴뿐만 아니라 유럽의 많은 나라들은 국민의 의사가 국회에
제대로 반영될 수 있도록 다양한 방식을 채택하고 있습니다.
노르웨이나 일본처럼 한 후보가 여러 선거에 동시에 출마하는 제도를
채택한 나라도 있습니다.

노르웨이 국회의원 후보   일본 국회의원 후보

단기이양식 비례대표제

단기이양식 비례대표제는 단 한 번의 투표로, 여러 번 투표한 효과를 내는
방식입니다.

단기이양식 비례대표제는 앞서 살펴본
절대다수 전면적 선호투표제와 비슷합니다.
유권자는 단 한 번 투표를 하는데, 이때 여러 후보자에게 등수를
매기는 것입니다. 그런 후 절대다수 전면적 선호투표제처럼
2등 이하 득표를 앞선 후보에게 더해 당선자를 정하는
방식이죠. 물론 세부적인 내용은 약간 다릅니다만
취지는 같습니다.

아일랜드 시민

단기이양식 비례대표제를 채택한 나라는 많지 않습니다.

당선자를 결정하는 데 워낙 복잡하기 때문이죠.

아일랜드의 경우, 당선자를 결정하는 데 일주일 정도 걸립니다.

혼합 선거제

혼합 선거제는 다수 선거제와 비례대표제를 함께 운영하는 방식입니다.
대한민국도 혼합 선거제를 채택한 나라 가운데 하나입니다.

비례대표제에도 단점이 있습니다.
한 선거구의 국회의원과 주민들 사이에 연대감이 약하다는
것이죠. 선거구 자체도 넓고, 의원 수도 여러 명이라, 자신을
대표하는 의원이 누구인가가 분명치 않기 때문입니다.
그래서 두 방식 모두를 채택한 것이 혼합 선거제입니다.

세계적인 추세를 보면 다수 선거제를 채택한 나라가 가장 많고,
다음으로 모든 국회의원을 비례대표제로 선출하는 나라가 많습니다.
대한민국처럼 혼합 선거제를 채택한 나라는 세계적으로 약 40개국으로
가장 적습니다.

대한민국 유권자는 국회의원 선거일에 지역구

국회의원을 뽑는 투표용지와 비례대표 투표용지 2장을 받습니다.

자신이 원하는 후보와 정당에 투표를 하면 되죠.

현재 국회의원 의석수는 총 300석입니다.

이 가운데 254석, 지역구 의석은 다수 선거제로 결정이 되고,

나머지 46석은 비례대표제로 결정됩니다.

비례대표제 46석 가운데 30석은 준연동형 비례대표제로,

16석은 병립형 비례대표제로 결정되죠.

준연동형 비례대표제는 지역구 의석수와 정당 득표율을 연동해 나누는

방식이고, 병립형 비례대표제는 정당 득표율대로 나누는 방식입니다.

우리나라 비례대표 의석 배분 방식

조건: 정당 득표율 3% 이상 또는 지역구 당선자 5명 이상

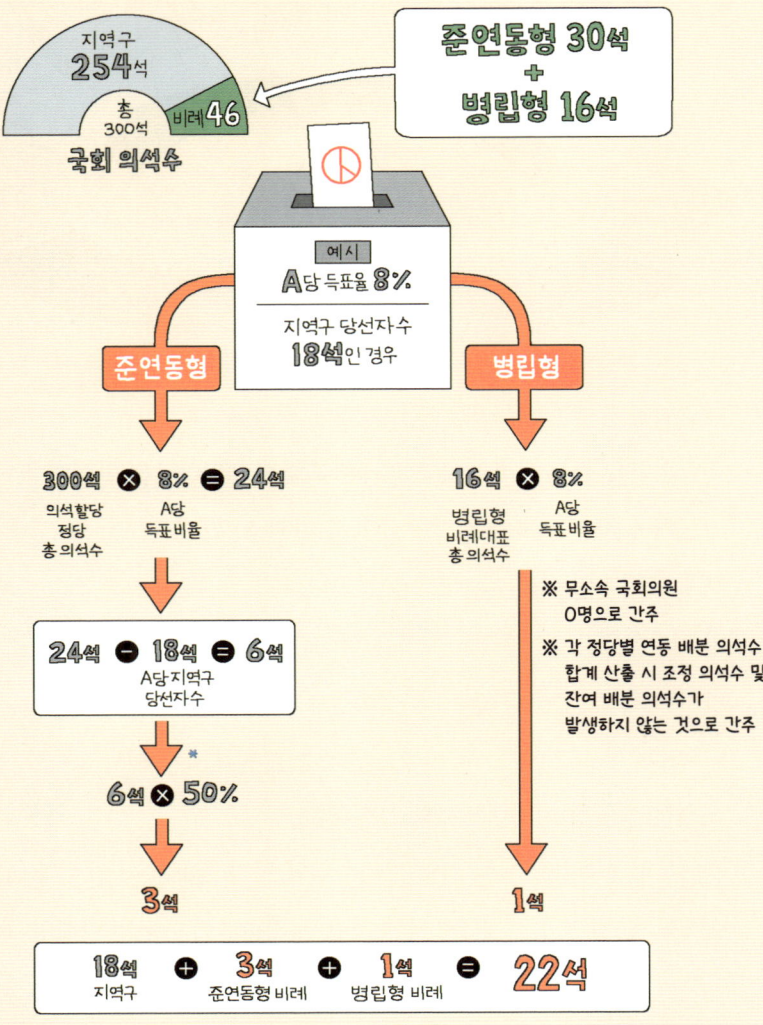

준연동형 30석
+
병립형 16석

지역구
254석

총
300석
비례 **46**

국회 의석수

예시

A당 득표율 **8%**

지역구 당선자 수
18석인 경우

준연동형

병립형

300석 ✕ **8%** = **24**석

의석할당
정당
총 의석수

A당
득표 비율

16석 ✕ **8%**

병립형
비례대표
총 의석수

A당
득표 비율

※ 무소속 국회의원
0명으로 간주

※ 각 정당별 연동 배분 의석수
합계 산출 시 조정 의석수 및
잔여 배분 의석수가
발생하지 않는 것으로 간주

24석 ● **18**석 = **6**석

A당지역구
당선자수

6석 ✕ **50%**

3석

1석

18석 ● **3**석 ● **1**석 = **22**석
지역구   준연동형 비례   병립형 비례

* 정당 득표율에 비해 실제 지역구 당선 수가 적은 경우 부족한 부분의
50%만 반영하기 때문에 '준연동형' 비례대표제라고 한다.

우와,
우리가 이렇게
복잡한 방식으로
비례대표 국회의원을
선출하고 있다고요?

예, 맞습니다. 다만 유권자들은 투표만
할 뿐, 그 선거 결과를 산정하고 당선자를
결정하는 일은 선거관리위원회가 합니다.
그래서 유권자들은 잘 모르는 것이죠.

대한민국 비례대표 선거 방식도 다른 나라처럼 매우 복잡합니다.

그런데도 비례대표 선거가 의도한 대로 국민의 다양한 의사를 대변한다고

보기 어렵습니다.

현재 대한민국 국회의원 선거 결과를 보면, 국민이 선택한 정당의

투표수만큼 국회의원이 당선되지 않기 때문입니다.

이에 대해서는 더 많은 고민과 제도 개선이 필요할 것입니다.

국회의원은 몇 명이 적절할까?
인구 대비 국회의원 숫자

오늘날 단원제인 대한민국 국회의원 숫자는 300명입니다.

지역을 대표하는 국회의원 254명, 비례대표 국회의원 46명으로

구성되어 있죠.

OECD 주요 국가의 의원 1명당 인구수

(단위: 명, 자료: 중앙선거관리위원회 선거연수원) * 2022년 인구수 기준

국가명 (총인구수)	의원수	의원1명당 인구수
핀란드 (555만)	200	3만
스웨덴 (1021만)	349	3만
덴마크 (583만)	179	3만
노르웨이 (551만)	169	3만
영국 (6849만)	1450	5만
프랑스 (6558만)	925	7만
스페인 (4671만)	615	8만
이탈리아 (6026만)	600	10만
독일 (8388만)	667	13만
대한민국 (5133만)	300	17만
일본 (1억2558만)	707	18만
멕시코 (1억3156만)	628	21만
미국 (3억3480만)	535	63만

전 세계 의회를 살펴보면, 국민 1인당 국회의원 숫자가 대한민국보다
적은 나라는 20%도 채 되지 않습니다.

반면에 80%가 넘는 나라는, 인구 비례로 볼 때 대한민국에 비해
더 많은 국회의원을 보유하고 있습니다.

정치 신뢰도와 국회의원 숫자

대한민국 국회의원 숫자는 세계적으로 보아도 인구 대비 적은 편입니다.

따라서 많은 학자들은 시민들의 의견과는 달리 대한민국 국회의원 숫자를

늘려야 한다고 주장합니다.

그렇다면 왜 대한민국에서는 국회의원 숫자를 두고 일반 시민과

학자들 사이에 다른 의견을 내놓는 것일까요?

오늘날 사회는 과거와는 비교할 수 없을 만큼 복잡하고 다양합니다.

따라서 법을 다루는 입법부인 국회 역시 해야 할 일이 무척 늘어났습니다.

과거에 중시하던 국방, 경제, 산업 분야뿐 아니라 시민의 삶과 복지, 행복

등에 이르는 훨씬 많은 분야에 힘을 쏟아야 하죠.

그뿐이 아닙니다.

급속히 변화하고 발전하는 시대적 흐름에 따라가며, 새롭게 탄생하는
전문 분야의 변화에 대처하는 역할도 중요합니다.

30년 전에는 없었던 인터넷부터 모바일이라는 분야가 새로 탄생하면서
가상공간에서 벌어지는 수많은 일을 관장해야 할 법률이 필요한데,
이러한 법률을 제정·개정·검토하는 곳이 바로 국회입니다.

따라서 다양한 분야의 전문가들이 국회에 들어가 활동하는 것이
국가 발전을 위해 필수적입니다.

또, 국제적으로도 정치적 교류, 경제적 개방, 사회적 교류, 문화적 교류 등
과거에는 상상할 수 없었던 일들이 벌어지고 있는데, 이러한 모든 일을
국민 개개인이 할 수는 없습니다. 따라서 국민의 대리인인 국회의원을
많이 선출해 그들에게 대신 일을 시키는 것이 중요합니다.

국회의원의 권한과 특권이 너무 많다고 여기는 시민도 많습니다.
이들 역시 국회의원 숫자를 줄여야 한다고 목소리를 높입니다. 하지만
이런 문제 역시 국회의원 숫자를 줄여서 해결하는 것은 바람직하지 않죠.
그보다는 국회의원의 권한과 특권을 면밀히 분석한 후, 권한을 줄이거나
조정해야 합니다.

권한 : 입법권, 국정에 관한 자료청구권, 정부 예산 심의·확정
특권 : 불체포 특권(현행범 제외), 면책 특권, 탄핵 대상 제외
의무 : 청렴, 국익우선, 직무수행, 직권남용·겸직금지

대한민국에는 국회의원 숫자가 부족합니다.

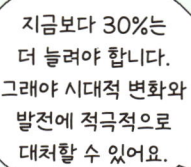

지금보다 30%는 더 늘려야 합니다. 그래야 시대적 변화와 발전에 적극적으로 대처할 수 있어요.

하지만 국회의원의 특권은 너무 큽니다. 특권을 줄일 필요가 있습니다.

급여도 줄이고, 사회경제적인 특권도 제한할 필요가 있습니다.

국회의원을 실무적으로 일하는 직업으로 조정할 필요가 있습니다.

지금처럼 사회의 특권계층으로 대우한다면, 국민들은 국회의원 숫자를 줄이자고 할 거예요.

국회의원이 줄어들면, 국회의원 한 사람 한 사람의 권한은 더욱 커지지 않을까요? 반대로 국회의원 숫자를 늘리면 늘릴수록 국회의원 한 사람의 권한은 줄어들지도 몰라요.

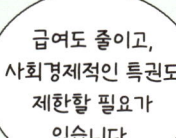

국회는 어떻게 움직일까?
국회 본회의

국회 본회의는 국회의원 전원이 참석하는 회의를 가리킵니다.

국회에서 결정할 주요한 내용은 모두 국회 본회의를 통과해야 합니다.

의회민주주의 국가에서는 국회 본회의를 통과함으로써 모든 법률안 등이

그 효력을 발휘하게 됩니다.

따라서 국회 본회의는 국회의 권한을 행사하는 가장 중요한 조직인

셈입니다.

원내교섭단체

수백 명에 이르는 국회의원들의 의견을 일일이 협의하여 결정하기란 매우
어렵습니다.

하지만 국회의원 개개인 모두 국민을 대표하는 헌법기관의 구성원입니다.

그래서 그 누구의 의견도 소홀히 할 수 없죠. 따라서 국회에서는

비슷한 의견을 가진 의원들을 하나의 조직으로 구성하는데,

이를 '원내교섭단체'라고 합니다.

이곳에서는 중요한 안건에 대해 협의하고, 의견을 결정합니다.

그리고 그 의견을 다른 교섭단체와 소통하며,

국회가 효율적으로 운영될 수 있도록 노력합니다.

원내교섭단체는 나라마다 다른데, 일정 수 이상의 국회의원으로

구성하는 게 일반적입니다.

대한민국 국회에서는 20명 이상의 국회의원으로 원내교섭단체를

구성해야 합니다. 일반적으로 원내교섭단체는 같은 정당에 속하는

국회의원으로 구성하죠.

하지만, 다른 원내교섭단체에 속하지 않은 무소속 국회의원이나

숫자가 적어 교섭단체를 구성하지 못한 정당 소속 국회의원들끼리 모여서

만들 수도 있습니다.

국회는 많은 경우, 원내교섭단체를 중심으로 운영된다고 볼 수 있습니다. 따라서 원내교섭단체에는 여러 권한을 부여하고 있는데, 이 말을 반대로 말하면 원내교섭단체에 속하지 않은 국회의원의 목소리는 반영되기 어렵다는 말이기도 합니다.

따라서 대한민국 국회에서는 원내교섭단체를 구성하는 숫자를 줄여야 한다는 목소리도 적지 않습니다.

교섭단체를 구성할 경우 우선 입법 지원비, 선거 보조금 등 국고 보조금 혜택을 받을 수 있습니다. 더불어 각 상임위원회에서 법안 상정, 안건 협상 등을 조정할 수 있는 간사 1인을 둘 수 있고, 긴급 현안 질의, 자신들의 입장을 표명할 수 있는 대표 연설 기회가 보장되기도 합니다.

위원회

앞서 살펴본 것처럼, 국회에서 결정해야 하는 중요한 내용은 모두
국회 본회의를 통과해야만 그 효력을 발휘합니다.
그러나 수백 명에 이르는 국회의원들이 모인 장소에서 다양한 분야의
수많은 의제를 다루는 것은 실제로 불가능하죠.
이에 따라 오늘날 대다수 국가에서는 국회를 운영할 때 위원회 제도를
도입하고 있습니다.
위원회는 자신들이 맡은 분야의 업무만을 다룸으로써, 국회가 담당해야 할
수많은 의제를 신속하고 효율적으로 집행하는 역할을 합니다.

국회법 제36조에는, '상임위원회는
그 소관에 속하는 의안과 청원 등의 심사, 기타 법률에서
정하는 직무를 행한다.'라고 정하고 있습니다.
오늘날 대한민국 국회에는 17개의
상임위원회가 있습니다.

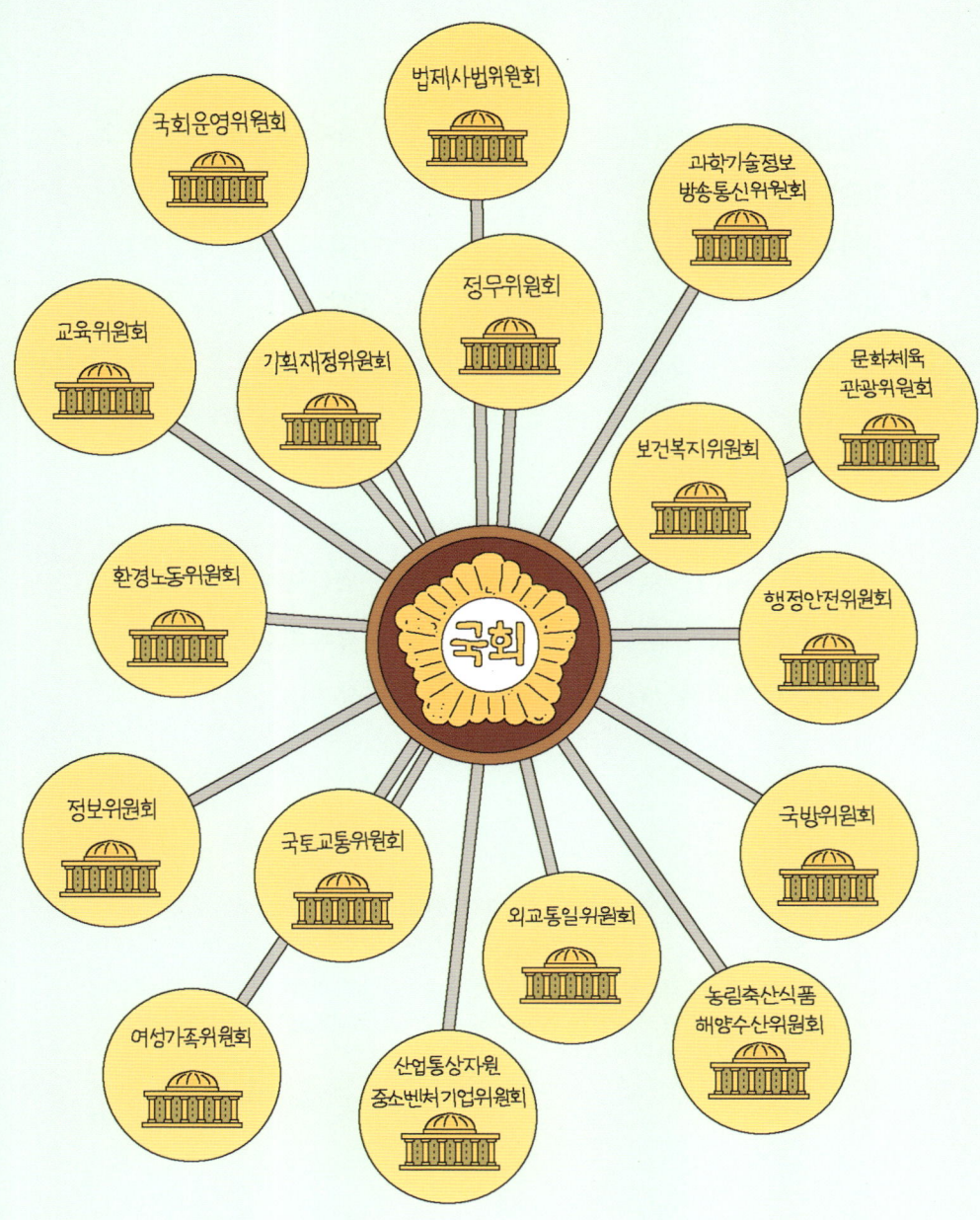

대한민국 국회는 상임위원회와 특별위원회의 두 가지 위원회를 운영하고
있습니다.

상임위원회는 각 전문 분야를 나누어 조직한 위원회로 상설로 운영하고
있으며, 그 분야에 속한 안건과 법률안을 입안, 심사, 청원, 진정, 감사를
합니다.

한편 최종적으로는 필요하다고 판단한 법률안을 국회 본회의에 부의*하는
역할까지 합니다.

한편 국회법 제44조에는, '국회는 둘 이상의 상임위원회와 관련된
안건이거나 특히 필요하다고 인정한 안건을 효율적으로 심사하기 위하여
본회의의 의결로 특별위원회를 둘 수 있다.'고 규정하고 있습니다.

---

* 법안이 본회의에서 심의될 수 있도록 하는 상태에 놓는 것을 말한다. 심의란 토의·토론을
거쳐 본회의 상정 여부까지 결정하는 단계로, 상정이 결정되면 본회의 때 표결을 통해
최종 법률 제정 여부가 결정된다.

특별위원회는 상설로 운영하는 상임위원회와는 달리, 임시로 또는 특별한 시기에만 운영하는 위원회로, 대한민국 국회의 대표적인 특별위원회로는 예산결산특별위원회를 들 수 있습니다.

그 외에 특정 국회의원의 자격 심사, 윤리 심사 및 징계를 심사하는 윤리특별위원회 등, 특별한 의제를 다루는 특별위원회는 필요에 따라 국회에 설치할 수 있습니다.

국회의원 좌석은 어떻게 정할까?

대한민국 국회 본회의장에 들어가면 다음과 같이 국회의원의 좌석이
배치되어 있습니다.

국무위원(국무총리와
각 부처의 장관)석

제3당 및 비교섭단체,
무소속 의원석

제1당*
의원석

국회의장석

국회

세계적으로도 많은 나라가 국회에서 같은 당에 속한 의원끼리

함께 앉는 방식을 채택하고 있습니다. 대한민국 국회 역시

여당 국회의원석과 야당 국회의원석이 구분되어 있죠.

* 제1당은 국회의원 의석수가 가장 많은 당을 말한다.

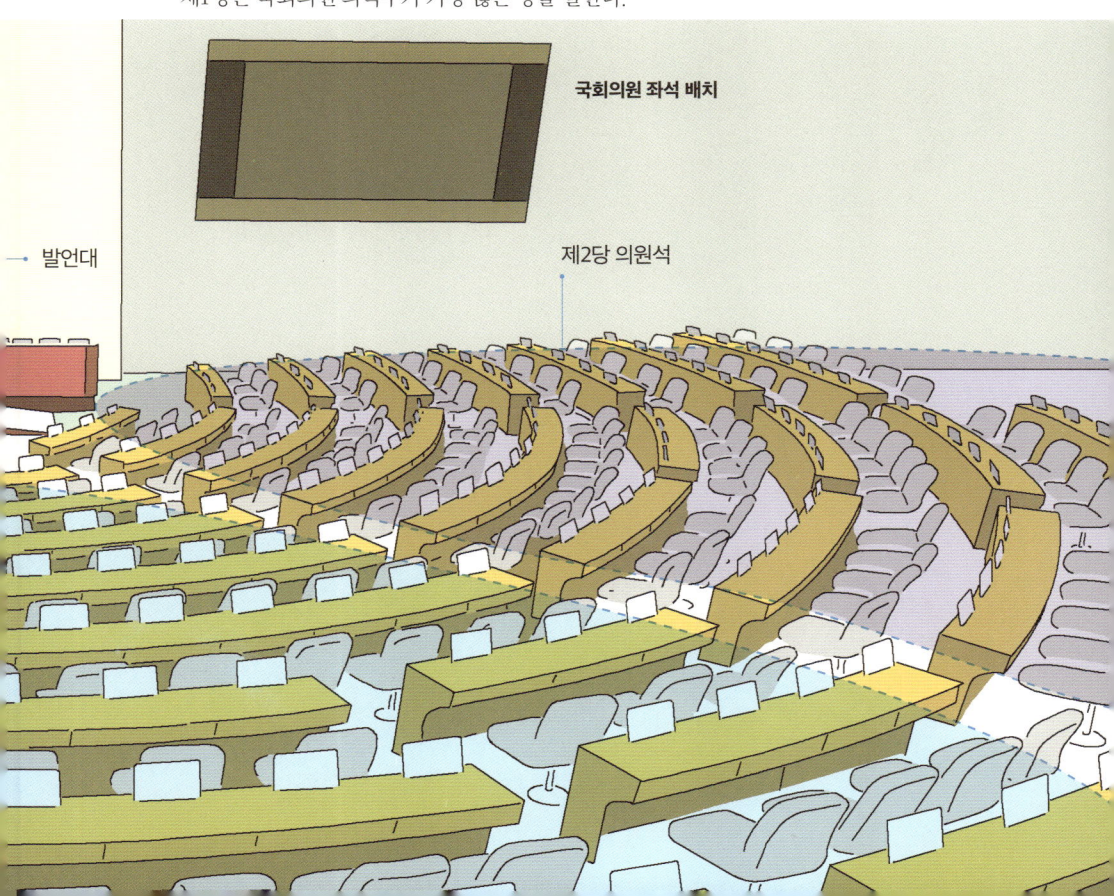

국회의원 좌석 배치

→ 발언대

제2당 의원석

반면에 스웨덴이나 노르웨이 등에서는 정당이 아니라, 자신이 속한 지역구 국회의원들끼리 함께 앉습니다.

노르웨이 본회의장

영국 본회의장

같은 당 국회의원들이 모여 있으면, 같은 당 의원들끼리 편하고 빠르게
의견을 취합하고 논의할 수 있습니다.

반면에 다른 당 의원과 의견을 나누면서 갈등을 해소할 기회를 갖기는
어렵죠.

지역별로 앉는 경우에는, 같은 지역구에서 온 다른 당 의원들끼리
힘을 합쳐 자신들의 지역을 위해 논의할 수 있습니다.

또 다른 당 의원끼리 다양한 의견을 나누면서 갈등을 해소할 수 있죠.

반대로, 정치적 현안에 대해 같은 당 의원들끼리
신속하게 의사를 취합하기는 어렵습니다.

한편 대한민국 국회에서는 국회의원 연임 횟수가 많을 수록 뒤에 앉는 데
비해 영국 국회에서는 그들이 더 앞에 앉습니다.

민주주의의 심장,
국회

오늘날 직접민주주의를 전부 또는 일부라도 도입한 나라는 극히 드뭅니다.
많은 인구와 넓은 면적, 나아가 수많은 분야를 모두 다루어야 하는 나라가
직접민주주의를 실행에 옮기기는 어렵기 때문입니다.

우리는 주요 정책에 대해
국민이 직접 투표를 통해
결정할 수 있습니다.

국민이 직접
법률안을 제안할
수도 있습니다.

특정 법안을
국민투표로 결정하는
제도도 있다고요.

하지만 대통령도
있고, 상원과 하원으로
구성된 양원제 국회도
있으니 간접민주주의를
도입한 셈이랍니다.

스위스 시민들

모나코 시민들

간접민주주의를 채택한 경우, 국민의 의사를 대변하고 국민의 권리를 보장해 주는 핵심 기관은 국회뿐입니다.

대통령제 국가에서는 대통령도 국민이 선출합니다. 하지만 대통령은 행정부 수반으로서 선출하는 것이죠.

반면에 입법권과 징세권 같은 국민의 권리는 국회가 독점적으로 보유하고 있습니다.

따라서 대통령은, 국회의 승인 아래 제정된 헌법과 법률을 토대로 나라의 살림살이를 담당할 뿐입니다.

대통령제 국가인 대한민국에서는 대통령에게 세계 어느 나라보다도
더 큰 권한을 부여하고 있습니다.
그래서 '제왕적 대통령제'라는 비판을 받기도 합니다.

이승만(李承晚, 1875-1965)
제1대-제3대 대통령
(재임기간 1948-1960)

박정희(朴正熙, 1917-1979)
제5대-제9대 대통령
(재임기간 1963-1979)

전두환(全斗煥, 1931-2021)
제11대-제12대 대통령
(재임기간 1980-1988)

계엄 선포권

긴급명령권

행정부 인사권

법률안 거부권

대법관·헌법재판관
임명권

대한민국은 건국 이래 수십 년 동안
독재적 대통령들이 집권하면서, 헌법과 법률 면에서
대통령의 권한을 너무 키워 놓았습니다. 그래서
행정부 수반인데도, 왕에 버금가는 권력을 휘두를
수 있다는 비판이 있습니다. 이러한 대통령제를
가리키는 용어가 '제왕적 대통령제'라는
말이죠.

그럼에도 대통령이 행사하는 많은 권한을 견제하고 승인하는 권리를
국회에 부여하고 있습니다.
이는 국회야말로 국민의 의사를 대변하는 거의 유일한 기관임을
헌법이 보장하고 있기 때문입니다.
한편 국회에는 다양한 지역, 분야, 계층, 신념을 가진 국민을 대표하는
의원들이 모여 있습니다.
당연하게도 국회의원들 역시 다양한 신념과 의견을 대표하게 됩니다.

각기 다른 국민의 이익을 대변하는 국회에서는 긴장과 갈등이 공존할
수밖에 없습니다. 그 긴장과 갈등 속에서 최선의 합의를 이끌기 위해
토론하고 협상하는 것이 국회의 역할이죠.

그러나 모든 경우에 최선의 합의를 이끌 수는 없습니다.

그래서 국회는 차선책으로서 다수결 원리를 채택하고 있습니다.

최선의 합의를 이끌지 못한 경우에는, 투표를 통해 가장 많은 사람이
선택한 의견을 채택하는 것입니다. 그 과정에서 국회의원들은
서로 다투기도 하고, 목소리를 높이기도 합니다.

그러나 이는 다양한 의견이 존재하는 민주주의 국가에서
하나의 결론을 이끌어 내기 위한 당연한 과정입니다.

민주주의 국가에서 국회는 평화로운 장소이기보다는,

긴장을 유지하는 장소라고 할 수 있습니다.

한 나라에 하나의 의견만이 존재한다면, 그 나라를 민주주의 국가라고

할 수 없기 때문입니다.

국회는 민주주의 국가의 심장이자 중추입니다.

따라서 더 나은 민주주의 국가에서 살기 위해서는 국민 모두가 해야 할

역할이 있습니다.

국민 여러분의 역할은
국회의 권한을 지켜 주시고
국회의 역할을 지지해 주시며
국회에 믿음을 보내 주시는
일입니다!

그렇지 않으면 국민의 의사와 권리를 대변해 줄
국회의 힘이 약화할 것이고, 그 피해는 고스란히 국민 모두가
떠안게 될 것입니다.

참고 문헌

자료   《국회란 무엇인가:맨날 속은 국민을 위한 진짜 국회 설명서》, 신상준 지음, 생각의창
          《비교정부와 정치》, John McCormick, Rod Hague, Martin Harrop 공저, 김계동, 민병오, 서재권,
              이유진, 이준한 옮김, 명인문화사
          《비교정치》, 신명순, 진영재 공저, 박영사
          《의회정치론》, 김유남 지음, 삼영사
          《의회정치의 이론과 실제》, 최효환 지음, 박영사
          《한국의회정치론》, 백영철 외 15인 공저, 건국대학교출판부
          《민족문화대백과사전》, 한국학중앙연구원
          《두산백과》
          《표준국어대사전》, 국립국어원
          대한민국 헌법
          대한민국 국회법
          대한민국 국회 누리집
          〈'제왕적 대통령'을 어떻게 통제할까?〉, 《한겨레21》 1471호
          〈국회 좌석배치, 한번 흔들어 보자〉, 《매일경제》, 2016. 4. 2

그림 및 사진   43쪽 존 왕이 마그나카르타에 서명하는 모습, 《Cassell's History of England》에서 삽화 발췌
          그 외 〈Wikimedia Commons〉

글 | 기획집단 MOIM

출판의 새로운 모색과 독자들과의 즐거운 소통을 위해 출판 기획자와 문(文)·사(史)·철(哲) 대중
교양서 저술가, 번역가 등의 전문가들이 모인 기획집단입니다. MOIM은 우리말로 '교양을 갖춘
모든 사람을 모이게 한다', 영어로는 'Mozart's Imagination'의 줄임말로, 상상과 창의가 가득한
책을 내고자 하는 바람을 담고 있습니다. 그동안 펴낸 책으로《핵무기의 모든 것》,《지정학의 모
든 것》,《장벽의 모든 것》,《플랜테이션 세계사》,《닭장 속에는 치킨이》 등이 있습니다.

그림 | 박상훈

소년 시절 문득 그림에 대한 열정을 느끼고, 지금까지 끊임없이 공부하고 고민하며 무언가를 그
리고 있습니다. 대학교에서 그래픽 디자인을 전공했고, 독일 디자인 협회에서 주최하는 아웃풋
공모전 등에서 수상하였으며, 다수의 전시회를 가졌습니다. 그린 책으로는《딱 한마디 의학사》,
《정치 좀 아는 어린이》,《처음 의학》,《돈의 모든 것》,《작은 칩에 담긴 거대한 이야기, 반도체 과
학 교실》 등이 있습니다.

illustoria

일러스트와 함께 보는,
현재 그리고 미래를 살아갈
우리가 반드시
알아야 할 이야기!

001

세상을 바꾼 87km

셀마 대행진

박정주 글 | 소복이 그림
160쪽 | 13,500원

★행복한아침독서 아침독서 추천도서(청소년)
★제21회 대한민국 독서대회 지정도서
★한국어린이출판연합 이달의 꼭 만나볼 책
★한우리독서토론논술 선정도서
★청소년출판모임 책꽂이 추천 도서

002

빠르게 만들고
빠르게 버리는 옷의 비밀

패스트 패션

기획집단 MOIM 글 | 이해정 그림
104쪽 | 13,500원

★서울시교육청 강서도서관 추천도서
★한우리독서토론논술 선정도서
★청소년출판모임 책꽂이 추천도서

003

지도를 바꿔 버린
유럽의 식민지 전쟁

아프리카 쟁탈전

기획집단 MOIM 글 | 2da 그림
160쪽 | 14,500원

★고래가숨쉬는도서관 신학기 추천도서
★월간 책씨앗 추천도서
★청소년출판모임 한 학기 한 책 읽기 추천도서

004

인류가 낳은
인류 파괴 BUTTON

핵무기의 모든 것

기획집단 MOIM 글 | 이크종 그림
176쪽 | 15,000원

★월간 책씨앗 추천도서
★고래가숨쉬는도서관 신학기 추천도서
★청소년출판협의회 이달의 청소년 책
★서울시교육청 용산도서관 추천도서

005

광고의 역사부터
애드테크까지

광고의 모든 것

김재인 글 | 위수연 그림
152쪽 | 15,000원

★경기중앙교육도서관 사서와 함께
  행복한 책읽기 추천도서
★국립어린이청소년도서관 추천도서
★파주시 중앙도서관 눈에 띄는 책
★속초시립도서관 추천도서
★한우리독서토론논술 선정도서

006

끊이지 않는 전쟁,
갈등, 외교를 이해하는 지름길

지정학의 모든 것

기획집단 MOIM 글 | 이크종 그림
144쪽 | 15,000원

★전국지리교사모임 추천
★월간 책씨앗 추천도서

007

인류 문명이 꽃핀
6,400km

실크로드

황동하 글 | 나수은 그림
104쪽 | 15,000원

★월간 책씨앗 추천도서
★고래가숨쉬는도서관 여름방학 추천도서

008

인류가 만든 차단과
분리의 역사

장벽의 모든 것

기획집단 MOIM 글 | 신병근 그림
122쪽 | 15,000원

★월간 책씨앗 추천도서
★고래가숨쉬는도서관 추천도서

009

착취와 파괴로 범벅되어
우리에게 온 작물 이야기

플랜테이션 세계사

기획집단 MOIM 글 | 김지하 그림
136쪽 | 16,800원

010

먹히기 위해 태어난
동물의 비밀

닭장 속에는 치킨이

기획집단 MOIM 글 | 홍지혜 그림
104쪽 | 16,800원